U0105127

中国外语教育研究丛书

刘道义　主编

罗少茜　曾　玲　著

青少年外语读写能力培养

QINGSHAONIAN WAIYU
DUXIE NENGLI PEIYANG

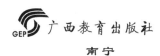

广西教育出版社

南宁

图书在版编目（ＣＩＰ）数据

青少年外语读写能力培养 / 罗少茜，曾玲著.—南
宁：广西教育出版社，2017.12（2022.8 重印）
　（中国外语教育研究丛书 / 刘道义主编）
　ISBN 978-7-5435-8432-7

　Ⅰ.①青… Ⅱ.①罗… ②曾… Ⅲ.①外语教学—教
学研究 Ⅳ.①H09

中国版本图书馆 CIP 数据核字(2017)第 312006 号

策　　划	黄力平		装帧设计	刘相文
组稿编辑	邓　霞　黄力平		责任技编	蒋　媛
责任编辑	陶春艳		封面题字	李　雁
责任校对	钟秋兰			

出 版 人：石立民
出版发行：广西教育出版社
地　　址：广西南宁市鲤湾路 8 号　　邮政编码：530022
电　　话：0771-5865797
本社网址：http://www.gxeph.com
电子信箱：gxeph@vip. 163.com
印　　刷：广西雅图盛印务有限公司
开　　本：787mm×1092mm　1/16
印　　张：15.25
字　　数：230 千字
版　　次：2017 年 12 月第 1 版
印　　次：2022 年 8 月第 3 次印刷
书　　号：ISBN 978-7-5435-8432-7
定　　价：40.00 元

序　一

　　由广西教育出版社策划、刘道义研究员主编的"中国外语教育研究丛书"是出版界和外语教学界紧密合作的一个重大项目。广西教育出版社归纳了本丛书的几个特色：基于中国特色的比较研究，原创性、研究性和可操作性，理论与实践相结合，学科和语种相融合，可读性较强。道义研究员则谈到五点，即理论性、实践性、创新性、研究性、可读性。我非常赞同来自出版社和主编的归纳和总结，尽可能不再重复。在这里，只是从时代性方面汇报一下自己的感受。第一，本丛书上述各个特色具有新时期所散发的时代气息。众所周知，我国的外语教育在20世纪50年代以俄语及其听、说、读、写四项技能的教学为主，改革开放后强调的是英语交际教学法。进入新时期后，我国外语教育的指导思想着眼于如何更好地为"一带一路"倡议和"教书育人"素质教育服务。应该说，外语教材和有关外语教学理念的专著在我国不同时期均有出版，但本丛书更能适应和满足新时期的要求。如果说过去出版社关注的是如何让外语教材在市场上占有一定的份额，那么，本丛书更关注的是如何指导外语教师做好本职工作，完成国家和学校所交给的任务，让学生收到更好的学习效果，让家长和社会提高对外语教学重要性的认识。当然，这套丛书也帮助外语教师实现从"教书匠"转变为真正的外语教学工作者，使他们既是教师，又是研究者。第二，本丛书的内容不仅适用于英、俄、日、法、德等传统外语语种，也适用于其他非通用语种。第三，就本丛书的选题而言，除传统的技能教学和教育学外，还有社会学、心理学、哲学、美学、神经学等内容。这体现了当代多种学科相互融合的先进思想。随着信息技术的发展，多模态的课堂教学和网络教学已成为本丛书关注的选题内容。

我和本丛书的主编刘道义研究员相识多年。由于她从不张扬，因此我有必要以老大哥的身份来介绍一下她。第一，道义自1960年从北京外国语学院（今北京外国语大学）毕业后，从事大、中、小学英语教学工作17年，对不同层次的外语教学均有亲身体验。第二，从1977年8月起，道义参加了历次的全国中小学英语教学大纲编制工作，编写和修订了12套中小学英语教材，并承担其中9套教材的主编工作；编著教师理论丛书4套、中学生英语读物2套、英语教学辅助丛书3套；发表有关英语教学改革的文章百余篇。由此可见，除参与教学实践外，她还长期从事外语教学理论的研究。最近在许多学校内时有争论，那就是教师只要教书即可，不必费神搞研究。我想道义以自己的行动回答了这个问题。第三，道义曾任教育部中小学教材审定委员会英语专家组组长、中国教育学会外语教学专业委员会理事长、课程教材研究所副所长、人民教育出版社副总编辑。这表明道义具有很强的领导和组织能力。第四，道义曾任党的十四大代表，我认为这说明了道义本人的政治品质好。党员既要把握正确的政治方向，又要在业务工作中起表率作用。所有这些归纳成一句话，本丛书主编非道义莫属。

除道义外，本丛书汇聚了我国从事外语教育研究的专家和名师。以道义所在的人民教育出版社为例，就有吴欣、李静纯、唐磊三位研究员参与编写工作。我退休后曾经在北京师范大学兼课10年，见到丛书各分册的作者名单上有王蔷、程晓堂、罗少茜等大名，顿时兴奋起来。这些当年的同事和年轻学者承担了本丛书15卷编写任务中的4卷，实力雄厚，敢挑重担，我为之感到骄傲。作者名单上国内其他师范院校从事外语教育的领导和专家有华东师范大学的邹为诚、华南师范大学的何安平、东北师范大学的高凤兰、浙江师范大学的付安权、福建师范大学的黄远振、天津师范大学的陈自鹏，来自综合性大学的则有清华大学的崔刚、范文芳和中国人民大学的庞建荣。在这个意义上，本丛书是对我国外语教育研究力量的一次大检阅。难怪本丛书的一个特色是中外外语教育思想和理论的比较研究，而且重点是中国外语教育的实践和理论。上述作者中不少是我的老相识。虽然有的多年未见，如今见到他们仍活跃在第一线，为我国的外语教育事业而奋斗，令我肃然起敬。祝他们身体健康，在事业上更上一层楼。上述作者中有两位（范文芳教授和程晓堂教授）是我在北京大学和北京师范大学指导过的博士生。目睹当年勤奋学习的年轻学子，现已成为各自学校的教学科研骨干，内心一方面感到欣慰，一方面感到自己落在后面了。

本丛书的策划者广西教育出版社成立于 1986 年 12 月。就出版界来说，时间不算太早，但本丛书的成功出版在于该社英明的办社方针。据了解，该社主要出版教育类图书。其中教师用书和学术精品板块是该社最为器重的。本丛书的良好质量和顺利出版还得益于该社两个方面的经验。首先，早在 20 世纪 90 年代，该社已出版了一套外语学科教育理论丛书（胡春洞、王才仁主编）。该丛书总结了改革开放后外语学科教育研究的成果，展示了其发展的前景，给年轻一代学者的成长提供了帮助，在外语教学界产生了很好的影响，为本丛书的组织和编写提供了宝贵的经验。其次，新时期以来，该社相继出版了数学、化学、物理、语文等学科教育研究丛书，积累了较多经验，如今策划、组织和出版"中国外语教育研究丛书"更是驾轻就熟。

天时、地利、人和，在此背景下诞生的"中国外语教育研究丛书"必然会受到国内外外语教学界和出版界的欢迎和重视。我很荣幸，成了第一批点赞人。

北京大学外国语学院

2016 年 12 月 1 日

胡壮麟简介：教育部基础教育课程教材专家咨询委员会委员，北京大学资深教授、博士生导师。曾任教育部高等学校外语专业教学指导委员会委员、英语组副组长，中国英语教学研究会副会长，中国语言与符号学研究会会长，中国高校功能语法教学研究会会长。

序 二

一年多以前，当我接到广西教育出版社的邀请，让我主编一套外语教育理论研究丛书时，我欣然接受了。我担此重任的这份自信并非源于自己的学术水平，而是出自我对外语教育事业的责任和未竟的情结。

我这辈子从事外语教育，无非是跟书打交道：读书、教书、编书、写书。虽然教书认真，有良好的英语基础，但成绩平平。因为缺乏师范教育，并不懂得有效的教学方法。然而，17 年的大、中、小学教学为我后来的编书和写书提供了宝贵的实践经验。改革开放后，我有幸参加了国家英语课程和教材的研制工作，零距离地与教育专家前辈共事，耳濡目染，有了长进；又有幸出国进修、考察，与海外同行交流切磋，合作编写教材、研究教法、培训师资，拓宽了视野。由于工作需要，我撰写了不少有关英语教育、教学的文章。文章虽多，但好的不多。为了提升自己的理论水平，我对语言教学理论书籍产生了浓厚的兴趣。退休后有了闲空，我反倒读了许多书，而这些书很给力，帮助我不断写文章、写书。2015 年，我实现了一个心愿，就是利用我的亲身经历为我国的英语教育做些总结性的工作。我与同行好友合作，用英文撰写了《英语教育在中国：历史与现状》一书，又用中文写了《百年沧桑与辉煌——简述中国基础英语教育史》和《启智性英语教学之研究》等文章。

我已近耄耋之年，仍能头脑清楚，继续笔耕不辍，实感欣慰。

当我正想动笔写一本书来总结有关英语教材建设的经验时，我收到了广西教育出版社的邀请信。这正中我的下怀，不仅使我出书有门，还能乘此机会与外语界的学者们一起全面梳理改革开放以来，特别是这十几年的外语教育教学的研究成果。我计划在20世纪90年代出版的，由胡春洞、王才仁先生主编的外语学科教育理论丛书的基础上进行更新和补充。发出征稿信后，迅速得到了反馈，10所大学及教育研究机构的多位学者积极响应，确定了15个选题，包括外语教学论、教与学的心理过程研究、课程核心素养、教学资源开发、教学策略、教学艺术论、教师专业发展、信息技术的运用、教材的国际比较研究等。

作者们都尽心尽力，克服了种种困难，完成了写作任务。我对所有的作者深表谢意。同时，我还要感谢胡壮麟教授对此套丛书的关心、指导和支持。

综观全套丛书，不难发现此套丛书的特点主要反映在以下几个方面：

一、理论性。理论研究不仅基于语言学、教育学，还涉及社会学、心理学、哲学、美学、神经学等领域。语种不只限于英语，还有日语和俄语。因此，书中引用的理论文献既有西方国家的，也有东方国家的。

二、实践性。从实际问题出发，进行理论研究与分析，提供解决问题的策略和案例。

三、创新性。不只是引进外国的研究成果，还反映了我国改革开放以来的教育改革历程，具有鲜明的中国特色，而且还开创了基础教育教材国际比较的先例。

四、研究性。提供了外语教育科学研究的方法。通过案例展示了调查、实验和论证的过程，使科学研究具有可操作性和说服力。

五、可读性。内容精练，言简意赅，深入浅出，适合高等院校、基础教育教学与研究人员阅读。

此套丛书为展示我国近十几年的外语教育理论研究成果提供了很好的平台，为培养年轻的外语教育研究人才提供了很好的平台，为广大外语教研人员共享中外研究成果提供了很好的平台，也在高等教育机构的专家和一线教学人员之间建起了联通的桥梁。为此，我衷心感谢平台和桥梁的建造者——广西教育出版社！

我除组稿外，还作为首位读者通读了每一本书稿，尽了一点儿主编的职责。更重要的是，我从中了解到了我国外语教育近期的发展动态，汲取了大量信息，充实了自己，又一次体验了与时俱进的感觉。为此，我也很感谢广西教育出版社给了我这个学习的机会。

1998 年，我曾经在我的文章《试论我国基础外语教学现代化》中预言过，到 21 世纪中叶中华人民共和国成立一百年时，我国的基础外语教学将基本实现现代化。今天，这套丛书增强了我的信心。我坚信，到那时，中国不仅会是世界上一个外语教育的大国，而且会成为一个外语教育的强国，将会有更多的中国成功经验走出国门，贡献给世界！

刘道义

2016 年 11 月 21 日

刘道义简介：课程教材研究所研究员、人民教育出版社编审。曾任中国教育学会外语教学专业委员会理事长、课程教材研究所副所长、人民教育出版社副总编辑。曾参与教育部中学英语教学大纲的编订和教材审定工作。参加了小学、初中、高中 12 套英语教材和教学参考书的编写和修订工作。著有《刘道义英语教育自选集》《英语教育在中国：历史与现状》，主编"著名英语特级教师教学艺术丛书"、《基础外语教育发展报告（1978 ~ 2008）》、《新中国中小学教材建设史 1949 ~ 2000 研究丛书：英语卷》等，并撰写了有关英语教育与教学的文章 100 多篇。

前　言

　　读写能力（literacy）一般指个人具有的读和写的能力，它是构成个人基本素质的基础，是促成个人未来发展的推动力，甚至是国家战略所要考虑的重大问题。在国际读写协会（International Literacy Association，简称 ILA）的主页上，读写能力被定义为："读写能力指利用视觉、听觉和电子材料，在不同学科和不同环境中进行识别、理解、解释、创造、计算、交流的能力。"而对于读写能力的重要性，有以下见解："阅读、写作和交流的能力把人和人联系在一起，并给予人们达成之前不敢期望的目标的能力。交流和联系构成了我们的身份、我们之间的交往和与世界互动的基础。"①

　　本书的书名为"青少年外语读写能力培养"，"外语读写能力培养"用英文表述应为 foreign literacy education，从 ILA 的定义来看，"读写能力"这一表述实际上已经缩小了 literacy 所具有的内涵。但是我们仍然选择使用"读写能力"这一传统表述，而不使用其他表述如"读写素养"等，这是因为本书讨论的对象为中国青少年外语学习者，他们需要先培养良好的外语阅读能力和写作能力，然后才能使用外语在不同学科和环境中进行学习和交流，读写能力是联系和交流的基础，所以本书的重点放在基础读写能力的培养上。

---

① 详见 http://www.literacyworldwide.org/why-literacy。

本书的主要思想有以下五点。

一是听说与读写紧密联系。早期读写技能包括两个既独立又紧密联系的部分：口语（oral language）和编码技能（code-related skill）[①]，读写能力的前提就是口语技能，口语指向的是听说能力的培养，所以，外语读写教学中还应包含听说活动，以听说促进读写，以读写促进听说。

二是采用平衡性的读写教学设计。平衡有两层意思，（1）指既不完全以教师为中心也不完全以学生为中心，而是在二者之间寻求平衡，教师依据学生的学习水平和需求设计教学；（2）指读写能力的构成。本书认为外语读写能力的培养包括读写萌发、读写动机、流利读写、词汇掌握、阅读策略等，这些部分形成一个整体以共同促进读写能力的发展。本书没有单独的章节讨论写作能力，但对写作的讨论在各章都有涉及。

三是以实证研究为基础来设计读写教学。本书编写过程中，作者从与读写有关的实证研究中选取了经过验证的方法来组成外语读写能力培养的主要方法体系，并介绍了详细的步骤供读者参考。

四是以显性方式设计读写教学。本书认为读写教学，尤其是早期读写教学，应采取显性形式。显性指的是教师要详细地向学生展示如何进行思考、如何获得理解、如何进行写作。例如，在第六章阅读策略的讨论中，本书详细介绍了阅读策略的培养方式，展示了如何采用示范—引导—巩固—练习—应用的步骤，与学生分享认知秘密并帮助学生掌握阅读策略。

五是重视思维训练。这一特点与第四点紧密相连。如果学生经过充分、合理的思维培训，就有可能学会如何进行思考和使用策略。为展示如何进行思考并获得理解，第四章提供了一些引导思考的表格来进行思维训练。另外，学生在获取信息时同样需要进行批判性的思考，这一点在第八章多元读写能力的培养中也进行了讨论。

[①] STORCH S A, WHITEHURST G J. Oral language and code-related precursors to reading: evidence from a longitudinal structural model [J]. Developmental Psychology, 2002, 38 (6): 934-947.

本书的主要内容有八章。第一章介绍了读写萌发，即早期的读写教学所包含的基本能力、进行方式；第二章介绍了读写的本质和模式，为读写能力的培养定下基本框架。第三章到第六章的讨论以第二章中给出的框架为基础，分别讨论了读写的动机、词汇学习、流利读写的培训方法以及阅读理解能力的培养。第七章介绍了如何运用文学促进读写能力，第八章则讨论了与信息交流技术密切相关的多元读写能力的培养。在我国，英语是主要的外语语种，本书讨论的外语读写能力培养实际上就是英语读写能力培养，但是其中许多培养方法对其他外语读写能力的培养同样适用。

综合看来，本书结合了理论和实证研究，重视读写教学的实践，试图为读者提供一些实用的培养外语读写能力的方法。虽然这些方法的效果大多经过了实证研究验证，但是教师在使用时仍需结合自己的实际情况进行调整。书中还有一些方法来自教师的课堂教学经验，例如各种词汇教学活动和词汇游戏、持续默读的培训方法和操作步骤，读者也可以借鉴一二。本书不仅介绍了相关的最新理论，更为读者如何践行这些理论提供了大量的参考，适用于中小学英语教师、家长、英语专业的研究生及对英语读写感兴趣的研究人员。

该书为北京市教育科学"十三五"规划 2017 年度重点课题"高中英语课程标准核心素养对学生表现效果的历时研究"（CADA17076），和中国基础教育质量监测协同创新中心区域教育质量健康体检项目"中学英语素养测评与诊断"的成果。

2017 年 12 月

目　录

第一章 读写萌发

　　读写萌发（emergent literacy）指学习读写的起始阶段和状态。成功的读写萌发要求学习者具备一系列的技能，如口语技能和编码技能；读写萌发会极大影响个人是否能够成功获得读写能力。我们在进行外语读写萌发时可以直接借鉴母语读写萌发中的一些培养方法。中国学生在学习英语读写时，有些基本技能已经具备，如部分语音意识和文字知识，教师应该着重考虑学生欠缺的英语读写萌发能力并进行培养。本章讨论"读写萌发"这一概念的含义、英语读写萌发包含的内容以及相应的培养方法，目的是为英语读写能力培养起始阶段的设计提供参考。

第一节　读写萌发和早期读写能力

一、母语读写萌发

关于早期读写能力的培养有两种观点：阅读准备和读写萌发。阅读准备强调生理和心理上对阅读的准备程度，而读写萌发强调利用儿童已有的能力和资源发展其读写能力。

传统的"阅读准备"（reading readiness）概念主张儿童有一个开始学习阅读的成熟点，在此之前，儿童不宜开始阅读或写作的相关培养，这个成熟点与儿童的发展水平密切相关，如儿童在社会、情感、身体、认知方面都要达到一定水平[1]。以认知发展水平为例，儿童需要具有：（1）听辨能力，即能够分辨相似的音、区别不同语音、听辨押韵词、辨认开头和结尾辅音、具有听觉记忆；（2）视觉辨析能力，即能理解从左到右的眼动过程，辨认出相似之处和不同之处，分辨颜色、形状、字母和单词，具有视觉记忆和有图形–背景感知力[2]128。

与此相对应，读写萌发观念认为儿童不必等到认知能力发展成熟后才开始学习读写，而应该在与印刷文字的日常接触中发展读写能力，待正式学习时，儿童已经具有了一定读写能力；儿童在每一阶段都拥有一定的读写技能，只不过起初发展的程度不高，他们写下的文字或许无法辨识，但他们却明白文字与图画的区别。当儿童看着图画和文字讲述一个熟悉的故事并表达对故事的印象时，他们就是在进行读写。读写萌发寻找的是儿童身上的优点而非缺点，看重每个儿童所具有的不同文化背景以及由此带来的个性化学习。

"读写萌发"一词首先由 Marie Clay 于 1966 年提出，Marie Clay 认为读写萌发是指儿童在未正式读写阶段所展露出的读写理解行为[3]。后经发展，读写萌发被认为是由知识、技能和态度组成的连续体，始于婴儿期，能极大支持学校的正规学习[4-5]。我们还可以从时间和教学（instruction）两个维度来理解读写萌发：时间指儿童开始注意到印刷文字后开始学习读写的时期，教学指儿童在学前（如在幼儿园）受到的精心设计的读写教育，以确保他们在正式的阅读教学开始后能表现良好。

关于早期读写能力的获得，Clay 认为儿童在学前已经获得关于语言、阅读和写作的知识，在听说读写这些语言技能之间存在着动态的相互影响关系，这些技能每天以自然的方式在家庭、社区、学校中发生，在有意义的、功能性的活动中自然地得到发展。读写发展的环境经常是社会性的，成人指导儿童并与儿童合作互动。读写活动包含在艺术、音乐、游戏、人文、科学等活动中，以意义为中心。Teale 认为，儿童虽然能通过自然的环境获得读写能力，但这种能力是通过社会合作互动获得的，具有读写能力的成人在与儿童一起进行读写活动时，对儿童的学习进行调节，帮助儿童获得读写能力；这一能力来自生活经验，读写活动只要满足特定的目标，儿童就会乐意参与[6]。早期的读写研究清晰表明儿童通过读写功能性的使用获得最初的读写信息[7-9]，如杂货清单、玩具说明、制作方法、学校通知、菜单、杂志、报纸、故事书、电话号码、家庭成员间的谈话，这些都是读写能力功能性的使用，即利用读写实现语言的功能，儿童对它们熟悉后，就会参与其中，并在游戏中假装使用、理解它们的目的。

如果抛开读写萌发的自然场景，抽象看待英语读写技能包含的内容，一般来说，儿童读写萌发技能包含两个相互独立又紧密联系的部分：口语技能（oral language skill）和编码技能（code-related skill）。其中，口语技能包括口语词汇和语法，而编码技能则主要包括印刷文字概念、字母知识和语音意识（phonological awareness）等[10]。2008 年，全美早期读写专家委员会（National Early Literacy Panel，简称 NELP）通过元分析界定了一系列读写萌发能力，并将读写萌发能力主要分为三大领域，即语音敏感性（phonological sensitivity）、字母知识（alphabet knowledge）和印刷文字知识（print knowledge）[11]。另外，读写萌发具有四个核心观点：（1）读写萌发能力从儿童出生，甚至在出生前开始出现；（2）听说读写能力是同时发展的；（3）印刷体的形式同其功能一样重要；（4）读写萌发能力的习得离不开儿童的积极参与[12]。儿童的读写萌发可以通过一系列的环境因素、与成人的互动和显性的教学得到强化。

以上对英语读写萌发的讨论是在母语环境中进行的，在此简单总结一下：读写萌发以个人的生理和心理发展为基础，在发展的不同阶段，儿童都可以在自然的环境中发展读写能力；儿童需要在真实的环境中使用并发展读写能力，需要通过社会互动（尤其是与高于自己水平的人互动）来获得读写能力；听说读写技能相互影响，读写萌发受到听说发展的影响也会促进听说能力的发展。

二、外语读写萌发

当我们讨论外语读写萌发时，相对于母语，有三个条件发生了变化：（1）大多数外语学习者读写萌发的年龄都是学龄或是学龄以上，在中国，除非父母具有相应的意识和能力，很少有学习者从婴儿期就开始接触外语。（2）读写萌发的环境不自然，这就导致读写能力的使用受到限制，从而影响外语读写的功能性使用，从而影响学习态度。（3）外语读写萌发时，外语口语技能的发展不充分，这与母语读写萌发时口语技能已经比较成熟的情况存在很大差异。

而要对外语读写萌发的时间做一个界定的话，我们在此提出"早期"一词，这一时间段具有很大弹性。在中国，这一时间段约为小学低年级开始学习外语到熟练掌握形-音对应规则并能基本流畅阅读为止。由于学习者的家庭和经济情况差异较大，其读写萌发的环境和时间段可能具有较大差异。在培养读写萌发技能的过程中教师应注意：（1）听说领先发展，学生掌握了基本口语词汇和语法后再开始学习读写，并以口语技能促进读写；（2）设计符合学生生活经验的场景吸引学生积极参与；（3）注意学习的社会性，学生需要在同伴和老师的帮助下学习读写。

接下来的两节将分别介绍口语技能和编码技能的培养。

第二节 口语技能

狭义的口语技能主要包括口语词汇和语法，广义的口语技能包括词汇（接收和表达）、句法和语义知识，以及叙述话语过程（记忆、理解和讲故事）[13]。在发展外语口语技能时，教师可以使用图片和实物帮助学生掌握基本的口语词汇，并通过语境帮助学生掌握基本的口语语法，研究表明带有节奏感的语言更加能帮助初级学习者掌握隐性句法知识[14]。另外，母语口语技能也能帮助外语口语的发展。Tarone 等人发现，到美国的索马里难民虽然不具备字母和文字知识，但是却具有押韵、音素辨别、快速学会新词的能力[15]。这些索马里人的文化中长久以来就存在背诵和即兴创作诗歌、讲故事、记忆《可兰经》中的长篇文章的传统。诗人在索马里拥有崇高的地位，不仅能够参与政治活动，还能影响民意，甚至曾有诗人用一首诗制止了两个部落间的战争[15]115。这种口头语言的使用传统在索马里移民群体中存续了下来，并包括当今的话题和说唱音乐（rap）这种新的体裁。许多教育者都发现索马里年轻人能快速学会英文，并拥有很强的人际和语用技巧。从以上事例可以看出，口语技能具有可迁移性，充分发展的母语口语技能可能会帮助外语口语技能的发展，如母语口语技能中对语言节奏、重音、韵律的掌握以及口语的组织和风格都有可能促进外语能力的发展。

叙述（narrative）能力是一种很重要的口语技能，它是口语中最常见的形式，也是人类交流经验、思想、文化的重要方式。读写研究者认为叙述是思维活动的一种基本形式，反映在梦、记忆、计划、幻想和所有语言使用中[16]12。另外，心理学研究表明大脑的思考常常是虚构的描述和假设[17]394，也就是说，叙述是思维的基本单位。在不同的文化中，叙述传达出不一样的理念，儿童经常通过听故事来建立叙述的基本结构（如开头、中间、结尾的概念），了解语言的形式特征，学习价值判断。例如，在这首童谣中

Ding，dong，bell，

Pussy's in the well.

Who put her in?

Little Johnny Green.

儿童可以接触到押韵，了解叙述并不只是单纯依照时间关系来组织，也可以先展现结果再交代事件的起因。为提高口语技能，家长或教师可以要求儿童先叙述自己的生活，再练习讲故事，孩子们的故事中出现的人物经常是固定的（如王子和公主、好人和坏人等），而且也经常有固定的开头（如"很久很久以前"）。

关于如何在教室里练习讲故事，Price 和 Haynes 介绍了一种讲述和表演故事的活动形式，孩子复述一个读到或听到的故事，然后再把它表演出来，这一活动不仅锻炼了学生的口语技能，发挥了教师的支架作用，又能在师生之间、学生之间建立良好的关系[18]77-79。Paley 在 *Wally's Stories* 一书中建议故事应该完全来自孩子，无论孩子记下什么，都可以作为故事[19]。例如，一个孩子说出了 "There was a little bear that he standed on his head."①，这句话就成了一个故事。当这孩子逐字说出这句话时，他的同伴把它表演出来。这是一个简单的过程，容易实施，当孩子以自己的语言形式把自己的想法表达出来，且当这些语言和思想被他人接受时，孩子的自信就建立起来了，教师需认真地把这些文字记在纸上。这种故事—表演—记录的方式进一步展现了语言的力量。当孩子讲的故事被自己的同伴表演出来时，这个孩子会受到教师和同学的肯定，师生之间、生生之间的关系就会加强，孩子读写的发展也得到促进。

Paley 还举了一个例子说明如何在课堂里开展讲故事活动[20]。教师在教室的某个角落设定一个故事角。教师首先问学生谁愿意到故事角来讲故事，如果有学生主动参与，教师则请他来故事角。学生讲故事时，教师认真地把学生讲的故事逐字记录下来，然后请其他学生把这个故事表演出来。最后，教师把记下来的故事读出来，不做任何修改。每次进行活动时，学生的角色可以在讲故事的人、演员或观众三者之间进行转换。活动开始时，教师不用勉强学生参与，允许他们保持沉默。活动开展一

---

① 原文无修改，表明儿童在这个阶段的语言习得过程，作为教师或家长不用急于纠正。

个学期后到第二学期，由于学生熟悉了这种活动的形式，他们参与的积极性会更高。讲故事活动可以培养学生组织语言来叙述自己思想的能力，同伴表演故事可以帮助学生加强同学之间的交流，教师的帮助和支持可以提高学生的信心，并让他们了解阅读和写作的表现形式。

如果我们把起始阶段学生阅读的文字视为口语的书面表达，那么口语技能在读写能力的构成中的作用就是基本性的；在口头表达的基础上，学生需要做的就是把文字符号进行解码并与口语对应起来。因为本书的重点是外语读写能力培养，在此对口语技能不进行深入讨论。

第三节 编码技能

本节讨论语音意识培养、字母知识和印刷文字知识，外语学习起始年龄较晚的学习者可能已经掌握了某些能力和知识，如学生通过拼音学习可以获得部分语音意识，通过对汉语的学习可以获得文字知识中的书本概念。在此我们不区分学习者的既有知识构成，只对编码技能进行整体的介绍，供教师进行选择和使用。

一、语音意识

（一）语音意识的定义

语音意识是一种特别的声音知识，它与言语产出和理解中涉及的声音知识不同，它对话语中的声音特征十分关注，也就是说它关注的是声音的形式而不是内容。儿童在学习语言的过程中努力学习声音的概念内容，apple 代表的是一种水果，味甜有香味，经常跟健康联系在一起，而语音意识中的音素意识会告诉儿童，apple 比 banana 包含的音少，而且 apple 和 banana 的首音不一致。语音意识可以定义为对某种语言中的声音特征所具有的敏感性或知识，而音素意识则是语音意识在音素上的体现，指的是对音素的识别和操作。（音素，即 phoneme，一种语言中能区别两个词的最小声音单位，又称音位，如 /h/ 和 /l/ 就是区别 hate 和 late 的音素。）如果对语音意识进行分级的话，我们会发现语音意识可以在句子、单词、音节、节首音 / 韵基（onset/rime）、音素五个层次上进行表现，也就是说语音意识让我们能识别口语句子中的单词，复合词中的单词，单词中的音节，单词中的节首音 / 韵基，组成单词的音素，而音素意识处于语音意识的最底层，是构成语音意识最基础的知识。

（二）语音意识培养的重要性

许多研究者已经达成共识，语音加工能力能解释很大一部分的儿童英语阅读差异[21-24]，而音素意识成了预测英语阅读表现的关键指标之一[25-28]，不熟练的阅读者在辨认、分隔、合成声音片段方面都存在困难。事实上，音素意识与阅读表现之间可能存在因果关系[25,29]，而且这种关系不受其他能力，甚至是认知运作的干扰[13]；另外，音素意识可以通过教授来学习，能对字母发音的识别和单词的识别带来积极的影响，全美阅读专家组（National Reading Panel，简称 NRP）的元分析也提供了科学证据来支持音素意识教学[30]。

（三）语音意识培养分类

全美阅读专家组建议教师从幼儿园到小学二年级对儿童进行语音意识培养[30]。语音意识培养在三个层次上进行：音节、节首音/韵基、音素。音素水平的意识培养最复杂。

1. 音节水平

音节就是单词的节奏。学生可以通过观察教师的嘴型变化来判断音节，教师可以让学生用击掌表示自己名字中的音节——Pe-ter、Be-cky，并在听到单音节、双音节、多音节词时举手表示。

2. 节首音/韵基水平

教师设计一些填空练习让学生完成使语句押韵。

Ding，dong，dell

Kitty's in the w_____.（ell）

Ding，dong，casement

Kitty's in the b_____.（asement）

Ding，dong，dimming pool

Kitty's in the sw_____.（imming pool）

3. 音素水平

研究表明音素意识培养可以在阅读教学开始之前进行，而且可以独立于阅读教学[31]。音素意识教学的焦点在识别和操作音素的能力上，音素意识技巧可以分为以下几类：

（1）音素识别（identification）和对比（comparison）

音素识别是指教师让学生判断单词中首音、中音、尾音是什么。音素识别时，单词不以书写方式呈现，而是以图片或声音的方式呈现，确保学生在对音素进行操作。音素识别时可以采用配对或是回忆的方式，配对的难度要小于回忆。例如，学生面前有两张图片分别代表猫和狗，然后，教师问哪个单词的起始音与 duck 一致，学生选出正确图片。回忆方式是指学生没有配对对象，而必须依靠记忆想出眼前不存在的词，例如教师让学生说出一个以 /k/ 开头的词，kangaroo 和 clear 都可以。

对比是指学生从首音、中音、尾音对呈现的单词进行对比，看看这些部分之间存在什么区别。例如，教师提供三张图片（图上可以附词）：desk、dentist 和 task，接着教师要学生判断哪个单词的首音或尾音与其他两个单词不一致。

（2）音素分离（Phoneme segmentation）

音素分离是指对单词中的语音结构进行分解。教师让学生将单词分解为音节或是把词分为节首音 / 韵基，节首音是单词元音前的第一个辅音，韵基是该元音加上剩下的音，如 book 可以分为 /b/ 和 /ʊk/。音素分离还包括音素删除，即将单词中的首音、中音或是尾音删除后还剩下什么音，例如 farm 删除首音后剩下 /ɑ:m/，删除中音、尾音后分别剩下 /fm/、/fɑ:/。

在进行音素分离活动时，教师可以让学生学机器人一个音一个音地说话，例如 robot 就要说成 /r/、/əʊ/、/b/、/ɒ/、/t/。音素分离活动最难的是计算一个单词中含有的音素数量，因为学生可能无法把音素和字母区别开来，所以教师需要向学生示范如何进行音素分离，才能让学生理解音素的概念，或者让学生借助一些道具（如硬币）来帮助计算音素数量。

（3）音素合成

音素合成是指学生将音素合成词。教师把音素一个一个读出来，再让学生把音素合起来组成词，例如 /k/、/æ/ 和 /t/ 组成 cat。教师还可以让学生根据读出来的音找出对应的图片，如 /d/、/e/、/s/ 和 /k/ 对应的就是桌子的图片。

（4）押韵

押韵是指一种音素替换活动，即把单词中的一个音用另一个音替换，从而形成一个新单词，这种技能需要音素的识别、分离、合成三种技能的参与，例如 mate 一词中的 /m/ 由 /h/ 替代后形成一个新词 hate。

（四）语音意识培养课例

在设计教学活动时，教师可以根据学生爱动手参与的特点，设计一些能让学生的身体活动起来的语音意识培养活动。以下课例选自 Scott[32] 编写的 *Phonemic Awareness: Ready-to-use Lessons, Activities, and Games* 一书。

课例一：识别 /s/ 音 [32] 29-30

Step 1：呈现

教师："让我们一起发 /s/ 这个音，请看我的嘴形，双唇打开一点但不是很多，上下齿靠近，几乎已经碰到，双唇扁平成一条线，现在转过头看你的同伴发 /s/ 音，确保你的口型和我的一样。"

Step 2：识别

教师："现在我要念一些词，这些词中间都含有 /s/，仔细听，判断哪个词以 /s/ 开头，当听到这个词时伸出你的大拇指，记住仔细看我的嘴形。"

straw cats sign stink soda octopus

"下面我要给大家读个故事，故事中包含很多以 /s/ 结尾的词，如果听到，就请伸出你的大拇指，注意看我的嘴形。"

Once there was a mouse that lived in a house that was a mess. There were things all over the place.

Step 3：独立练习

教师："让我们来画一个这样的房子（house），再在里面画一些东西，记住这些东西都要以 /s/ 结尾。"

课例二：删除 /æ/ 音 [32] 38-39

Step 1：呈现

教师："今天，我要给你们介绍我的两个好朋友，他们是 Abbey 和 Adar（用两个手偶代表），他们的名字都由字母 a 开头，读 /æ/，当我慢慢读他们的名字时请注意看我的口型，让我们一起发 /æ/，看看你们同伴的口型是否正确，看他的口型是否和我的一样。"

教师："下面我们将听到一个故事，听的过程中每听到一个以 /æ/ 开头的词就在纸上画一个记号，等故事读完后计算一下一共记了多少个词？"

Abbey and Adar are animals. On cool afternoons, they eat apples.

"These are no average apples," said Adar. "May I have another?"

"Absolutely," replied Abbey.

教师再读一遍故事，每遇到一个以 /æ/ 开头的词就在黑板上做一个标记，然后统计单词的数量，计算正确的学生可以得到奖励。

Step 2：练习

教师："当我们把 /æ/ 从这些词里面拿掉，我们得到什么？"（教师拖长 Abbey 这个词，引导学生发现还剩下 bee，接着教师慢慢读出剩下的字母，和学生一起找出剩下的音素。）

教师："我们已经学过 /s/，现在我们一起试试那些以 /s/ 开头的词，看看把 /s/ 拿掉后还剩什么？"

sad sack sat sap sink sold

教师："我们又得到了几个新词：add、at、ink 和 old。"

课例三：合成 /æ/ 音 [32] 48-49

Step 1：呈现

教师："我们知道 apple 和 Abbey 都以 /æ/ 开头，大家知道还有什么词以 /æ/ 开头吗？现在转身对着你的同桌说这个单词，注意看对方的口型是不是和你的一样。"

Step 2：练习

教师："现在我要说一些单词，请仔细看我的口型。如果你在单词中听到了 /æ/，就请竖起你的大拇指；如果没有听到，就把你的大拇指向下放。"（教师缓慢地说出这些词，每说出一个词后，教师把拇指向上或向下，告诉学生他们的判断是否正确。告诉学生 car 这个词的拼写中虽然有 a，但是发音中没有 /æ/。）

<u>cat</u> car gate <u>apple</u> star <u>bag</u>

<u>sad</u> hot cup jar <u>fan</u> laugh

教师："现在我需要三个同学到前面来玩一个游戏，每个同学负责记住自己听到的那个词的首音。第一个同学的单词是 lady，第二个同学的单词是 ant，第三个同学的单词是 pumpkin。现在请你们报出你们单词的首音——/l/、/æ/、/p/，我们把这些音合在一起得到了 lap。"

教师在设计音素意识教学活动时，还要注意活动的层次性，即这些活动需要由简到繁逐步推进。教师从呈现音素开始为学生示范如何发音、如何操作音素，指导学生完成练习，教师的控制从强到弱，最后让学生自如地操作。从上文设计的教学活动可以看出来，这几个活动的层次可以分为：意识（awareness）、识别（recognition）、回忆（recall）、应用（application）、保持（maintenance）和总结（generalization）[32]10。

二、字母知识

字母知识是读写萌发的一部分，比起普遍存在于所有语言中的语音意识，字母知识一般只存在于拼音文字中，如英语、意大利语、德语等，字母知识既是与印刷文字接触的指标，也是学习阅读的有利因素[33]。

要获得字母知识，学生首先需要知道英语是通过单词来呈现的，单词又由音节和音素构成，英语是拼音语言，字母与音素或音素串对应。掌握字母知识意味着学生应该学会或发现字母的形-音对应关系，这就是我们所说的拼读法。英语相对于德语、意大利语等"透明"的语言而言，字母和发音之间的对应模式比较复杂，即存在一个字母对应多个发音的情况，但总体而言，字母知识对于提高学生的解码能力仍然非常有效。美国的全美阅读专家组和国际阅读协会都建议在小学低年级进行拼读教学。

Ehri认为字母规则的建立需经历以下三个阶段：（1）前字母阶段，即能使用视觉线索识别单词，为培养前字母技能，教师可以使用具有图形提示的认字卡片教授字母。（2）语音线索阅读，即开始利用单词中的部分声音识别单词，例如首音和尾音。（3）全字母，即利用单词中的所有字母来识别单词[34]。

这些技能培养并不是独立存在的，教师可以根据教学目标和教学内容把它融入其他技能活动中（如语音意识培养），当然还可以融入游戏、音乐、写作中。为了掌握字母规则，教师应该尽量做到：（1）准备一个文字丰富的环境；（2）在儿童眼睛所及的高度上陈列清楚的字母；（3）建立一个鼓励玩字母游戏的区域;（4)把字母知识融入阅读和写作活动中；（5）陈列各种各样的书让学生可以随时阅读；（6）设计一些加强字母规则的游戏；（7）将书本内容放大，教师在大声朗读时孩子可以对照书本将单词和声音视觉化；（8）将音乐融入语言课程帮助学生学习字母和发音[35]25。

　　另有研究表明，使用无字图画书也能帮助掌握字母知识[36]，例如教师可以和学生一起阅读无字图画书，当学生认出图上画的是女孩(girl)时，教师可以让学生试着把第一个字母 g 写出来，然后教师帮着写出剩下的字母 -irl，告诉学生这些字母是如何发音的。

　　中国学生学习英语字母时很可能已经掌握了汉语拼音，汉语拼音是一套描写汉语普通话发音的记音符号，中国学生在学汉语之前一般要求先掌握汉语拼音方案。汉语拼音从书写到发音上都与英语字母存在很多相似之处，例如声母 b、p、m、f、d、t、n、l、g、k、h、r 与英语字母的拼写一致，发音也相似。只要将它们结尾包含的尾音去除，就可以大致得到这些字母所代表的音素，如 /bo/-/b/，/po/-/p/，/mo/-/m/，/fo/-/f/，/de/-/d/，/te/-/t/，/ne/-/n/，/le/-/l/，/ge/-/g/，/ke/-/k/，/he/-/h/，/ri/-/r/。再如韵母 ɑ、ei、o、ou、e、i、u、iu 可以用来表示英文字母 a、o、e、i、u 的发音，这些都是利用母语语音知识的正迁移帮助英语学习的例证[37]。

三、印刷文字知识

　　文字意识是有关文字形式和功能的意识。与语音意识一样，文字意识被认为是儿童阅读能力发展的基石，儿童获取语音意识的同时，也应该获取对文字的知识。全美阅读专家组认为印刷文字知识包括以下三个方面：印刷文字概念、书本概念和视觉词汇。印刷文字概念指了解书面文字的功能或实际使用，了解词和句子结构，以及印刷文字的常规。书本概念指了解和识别描述书本各部分的术语（如标题、作者、插图作者、扉页），明白每一部分的目的是什么，知道从哪里开始阅读，手怎样持书。视觉词汇是阅读时作为整体来识别的词汇，它们一般不会被读者解码，这些词汇在发音上经常是不规则的，出现频率高，对于初级阅读者的阅读理解十分重要。印刷文字知识需要展示、讨论、教授，大声朗读是培养读写萌发能力、教授印刷文字知识的有效方式之一。

　　朗读前，教师应该：（1）告诉学生在阅读时怎样手持一本书；（2）展示书的封面和封底，并说明其作用；（3）指着标题告诉学生标题是如何帮助读者预测书的内容的；（4）让学生谈论封面上的图画，并根据图画预测故事内容；（5）读出作者和插图作者的名字，问学生是否知道他们的作用；（6）从故事中挑选几个单词（视觉词汇、高频单词、不熟悉的词汇）进行讨论，并把这些单词写在卡片上。

朗读时，教师应该：（1）用手指指着单词阅读，展示阅读的方向（从上到下，从左到右）；（2）鼓励学生找到讨论过的词汇，并预测故事接下来会发生什么；（3）向学生解释自己所读的单词。

朗读后，教师应该：（1）讨论学生根据封面和标题预测出的内容是否正确；（2）让学生谈论一下教师是怎么通过朗读书中文字讲故事的；（3）让学生谈论他们通过一起阅读故事获得了哪些有关印刷文字、单词、字母、句子、标点符号的概念；（4）问学生是否发现书中重复的词，能否在书中找到这些词[27]。

教师还可以通过学生的英文名来教授文字知识，英语国家儿童对自己名字的认识可以在一定程度上预测将来的阅读水平[38]。教师先给每个学生取一个英文名，当学生非常熟悉自己名字的发音和拼写后，教师就可以英文名为基础，教授以下知识：（1）方向性概念。名字里的字母从左往右，其他单词里的字母也是如此；学生写下自己名字中的第一个字母代表他们名字的第一个音；学生一边书写名字一边慢慢读出名字可以强化字母的形–音对应。（2）字母识别和书写。把学生英文名字中字母的形和音与他们想要书写的新词联系起来（如 apple 中的首字母就与 Allan 的首字母对应）。（3）注意字母的视觉特征。当学生写下了自己的英文名字后，让他们挑出名字中带圈或弯的字母（如 o、a 和 e）、带短竖的字母（n 和 m）、带长竖的字母（h 和 l）。

印刷文字知识中的部分内容可以从母语阅读经验直接迁移过来，如印刷文字概念和书本概念，文字的功能是用来表示意义，封面和封底的作用，手怎样持书，阅读时眼球运动的方向等。已经开始学校学习的学生在学习英语时不必从零开始，教师可以明确地和学生讨论两种语言阅读时的异同之处，哪些知识可以直接借用，哪些知识应该区别开来。

在给儿童朗读时还需要注意儿童的不同阅读体验，儿童对书本的体验和期待与成人有很大差异。年龄较小的儿童倾向于用全身活动来做出阅读体验反应，比如他们喜欢反复吟诵某些有趣的句子，喜欢扮演故事中的角色，喜欢用绘画的方式把故事中的场景画出来。

具体来说，教师可以采用以下活动：（1）吟诵。学生可以反复吟诵故事中出现的短小语句，这些语句被记忆之后会成为语法学习和语音学习的有用模型。（2）戏剧表演。有些书本的绘图本身就是对动作进行描绘，学生可以按绘图上的动作进行角色表演，同时加上短句吟诵。学生在戏剧排练过程中，还可以对角色的心理进行揣摩，对角色的动作和声音加上自己的设计。（3）画图。学生听完故事后可以把最喜欢的场景画出来，在画图过程中，学生可以试着写下角色的名字或者状态。画完后，教师邀请绘图的学生向其他学生展示自己的画，在其他学生表达自己对画的理解后，绘图的学生再解释自己的构思。

除了口语技能和编码技能外，外语读写萌发还需要注意读写环境，让学生发现外语读写学习的意义和功能，增强学生学习读写的动机。因此，教师需要创设一些能让学生探索和发现读写作用的环境。

第四节　读写环境

我们讨论母语读写萌发，研究的就是读写能力如何自然地产生，而读写萌发的理想条件来自儿童生活的环境。在外语环境中进行读写萌发，教师要尽量为学生提供在丰富而高质量的读物中进行学习的机会。提供的读物要以真实性和实用性为标准，表1-1中列举的课堂读物来自 Israel[35]60的推荐。

表1-1　丰富的读物

文字材料内容	对儿童的益处
地图册	了解世界及地图的样子
漫画	享受创造性的语言，理解角色如何思考，了解对话的概念
儿童图画字典	把词和图画联系起来
百科全书	了解知识的介绍方式
购物清单、收据、带文字的食品包装	了解读写技能如何融进生活
笑话书	提倡幽默
儿童杂志	提升儿童的兴趣（如对科学知识的兴趣）
报纸	了解语言文字如何用来传送和交流信息
名人名言读物	获得激励
（菜谱）配方书	了解数字（如几个鸡蛋、几根蒜）和读写如何结合（步骤）
旅游小册子	了解世界
医生使用的器具、X光片	理解专业人士如何使用科学信息和医学数据
大书（big book，如大绘本）	让学生积极参与
历史文献	学习过去信息是怎么交流的

续表

文字材料内容	对儿童的益处
班级自制书籍	建立共同体
明信片、信	理解如何通过写作来与他人保持联系
带CD的书	获得与文字和技术互动的机会
乐高等建造游戏说明	学习如何阅读信息性的印刷文字以及组装
菜单	理解如何阅读菜单
互动性纸板书	提供多种感知经验
特殊材料（如织物和皮革）制成的书	为阅读提供兴趣和动机
安全提示	识别有害物质
日志	把阅读和写作整合在一起
日历	识别周末、节假日等

除了准备读物外，教师还可以对教室进行布置，使教室环境充满读写的氛围，例如使用标签、游戏器具、表格和海报等。

图 1-1 英文阅览室和阅读角

（1）标签。教师在教室四周贴上英语标签，标签上可以写一些日常用语或是一些常见物品的名称。要保证学生能看清楚标签上的字，而且标签要定期更换。教师带着学生一起读，教师边读边指着标签上的字，提示学生注意听词的首音，例如 door 的第一个字母 d 的发音。

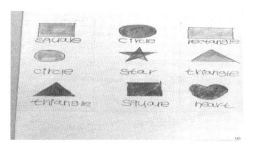

图 1-2 墙上贴的标签

（2）游戏器具。教室角落还可以准备一些游戏器具和表演道具让学生做游戏或进行角色表演。例如，学生扮演医生时，教师提前准备好医生办公室挂的视力检查表、听诊器和便签本以便"医生"看病、开处方；学生表演在杂货铺购物时，教师在杂货架子上的物品贴上标签，如 fruit、bread、vegetable 等，"顾客"手中也要有便签，便于写购物清单。

图 1-3 游戏角落

（3）表格和海报。教师张贴英语儿童读物的海报和作者照片，介绍有趣的书和有名的儿童书作家。另外，教师还可以展示一些有趣的图片，如学校附近街道的指示牌（上面经常附有英文），公共场所的英文标识等。除此之外，学生还可以使用表格来记录阅读情况，表 1-2 可以用来记录书名和所读页数。

表1-2 阅读记录表

Name：_____
Date：_____
The title of the book I read today is _____.
Today I read _____ page（s）.

学生也可以填写个人读书表（如表1-3所示），简单记录一段时间内的阅读情况。个人读书表由序号、日期、书名、字数、备注构成。

表1-3　个人读书表

序号	日期	书名	词数	备注
1	10月8日			
2	10月9日			
3	10月10日			
4	10月11日			
5	10月15日			
……	……			

学生读书记录表（见图1-4）展示了某学生的日常阅读情况，其中既有客观的阅读记录，也有学生阅读时的主观感受。学生在记录阅读感受时可以使用中文或英文。通过填写读书记录表，学生可以记录自己的阅读成长，提高阅读的兴趣。

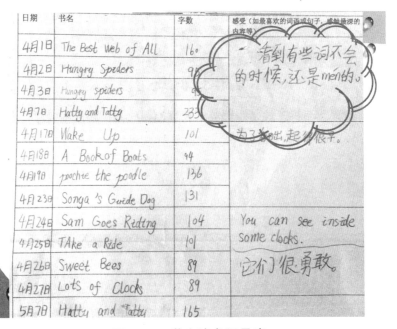

图1-4　学生读书记录表

班级读书表（见表1-4）是基于每个学生的读书记录表，不仅有利于教师掌握全班学生的读书情况并进行统计，也是落实《义务教育英语课程标准（2011年版）》所要求的阅读量，是对学生进行阅读要求的有效统计方式。班级读书表由序号、学生姓名、每个学生的读书数量、阅读词数等构成。

表1-4 班级读书表

序号	姓名	读书数量（本）	阅读词数	备注
1				
2				
3				
4				
5				
……				

本章小结

本章主要讨论了以下内容：（1）对母语读写萌发的认识。儿童的读写萌发时间与年龄没有必然联系，儿童不必等到读写需要的所有认知能力都发展成熟后再进行读写萌发，而应该在与印刷文字的日常接触中发展读写能力。（2）对读写萌发能力的认识。读写萌发能力有自己的构成框架，即口语技能和编码技能，这两方面都可以通过培养得到提高。狭义的口语技能包括口语词汇和语法，广义的口语技能包括词汇、句法和语义知识，以及叙述话语过程。口语技能是读写能力的基础。编码技能包括语音意识、字母知识和印刷文字知识。语音意识的培养可以早于阅读教学并独立于阅读教学。字母知识简单来说就是指形-音对应知识，中国学生可以借助拼音知识学习英文字母知识。印刷文字知识是学生在阅读活动中获得的，教师需要以明确的方式教授文字知识，朗读是有效的教学方法。在外语环境中进行读写萌发，需要在课堂中培养口语和编码技能，借用母语读写萌发的方法体系。（3）对读写环境的认识。培养外语读写能力，教师可以为学生准备大量真实的读写素材，还可以对学习环境进行设计。

外语读写萌发是一个基本能力和素养的培养问题，同时这些能力还可以作为读写问题诊断的基本指标。当学生的外语读写出现问题时，教师可以适当参考这些指标，找到引发问题的原因并进行相应处理。本书下一章将讨论读写的本质和模式。

第二章　读写的本质和模式

从第一章我们了解到母语和外语的读写萌发以及早期读写能力的一些知识，本章将讨论阅读和写作的本质和模式，为外语读写能力的培养设计一个框架。人们对读写的理解因为受到语言学、心理学、教育学、文体学等研究的影响而不断深化，呈现出从单一到多元的融合趋势。例如，对阅读理解过程的认识经历了从自下而上到自上而下再到交互式理解的变化过程，十分注重个人的背景知识和图式在其中所起的作用；对写作模式的描述经历了从注重结果、注重过程、注重体裁到注重过程和体裁的转变。另外，由于通信技术的发展，读写又出现了许多新的形式，例如加入了图片、动画、声音和超链接等形式。在此，我们主要讨论传统读写的本质和模式，以及阅读与写作之间的关系。关于新的读写模式将在本书的最后一章中讨论。

第一节　阅读的本质和模式

在对阅读的本质进行讨论之前，我们先从教师的阅读教学实践入手，来看教师如何理解阅读的本质以及实际的阅读教学是如何开展的。以下是两节英语阅读课的实录。

阅读课（一）：蒙老师是初中一年级的老师。她先教学生课文中的生词，然后对课文中难度较大的句子进行讲解，分析课文的结构和意义，接着要求学生在课堂上完成相应的练习，她会指出每个学生的优点和缺点，并要求学生有针对性地进行练习。

阅读课（二）：贾老师同样教初中一年级。她班上的学生在课堂上有充分的时间进行阅读，例如每节课他们至少有 5~10 分钟的持续默读时间。当周的主题是"友谊"，学生可以根据自己的水平选择合适的图书进行阅读，同一班级的学生可以选择小学水平的书本阅读，也可以选择高中水平的书本阅读。学生好奇地问老师为什么他们不需要做阅读习题，贾老师回答说："阅读只有在阅读中才能提高，而不是通过做习题。"

上述对两种不同类型阅读课的描述可能有意夸大了它们之间的差异，但是这种差异具体是什么？其背后又是怎样的理念在影响教师的行为？在下文中我们从阅读的定义、阅读能力、阅读模式、阅读中的变量以及相关概念进行讨论。

一、阅读的定义

如果从目的出发来给"阅读"下定义，可以说是"充分理解文章意义以完成阅读目的的过程"[39]100；从形式转化来定义，则可以说"阅读是对书写语言的有意义的解读"[40]10；从意义建构的角度来定义，"阅读就是用印刷或手写的信息来建构意义，读者需要将书写包含的信息与以往的信息结合起来进行意义建构，并获得理解"[41]12。具体到不同的认知过程，阅读可以被看作是"视觉、语音、语义和语言处理过程的快速结合"[42]1。对阅读过程进行解码的最有影响的模型就是基于计算模型的

"三角框架"，即词汇的正字法、语音、语义信息彼此互动，读者因此可以在发音模式和书写形式之间建立联系[43-44]。另外，考虑到阅读的复杂性，我们也可以将它描述为"发展阶段中的一项复杂的挑战，与其他发展性成就交织在一起，如注意、记忆、语言和动机；阅读不仅是一种认知心理语言学活动，也是一种社会活动"[45]15（见表2-1）。

表2-1　阅读的定义

维度	定义
目的	充分理解文章意义以完成阅读目的的过程
形式转化	对书写语言的有意义的解读
意义建构	用印刷或手写的信息来建构意义，读者需要将书写包含的信息与以往的信息结合起来进行意义建构，并获得理解
认知过程	视觉、语音、语义和语言处理过程的快速结合
计算模型	词汇的正字法、语音、语义信息彼此互动，读者在发音模式和书写形式之间建立联系
发展	发展阶段中的一项复杂的挑战，与其他发展性成就交织在一起；不仅是一种认知心理语言学活动，也是一种社会活动

　　阅读的定义如此多样化有利于我们从多种角度来理解阅读，从而可以从多种途径来开展阅读。为了进一步将阅读具体化，我们将在下文讨论阅读能力包含哪些内容。

二、阅读能力

　　如前所述，阅读是一个非常复杂的过程，多种技巧、能力、知识交织在一起，我们无法从外部观察个人阅读理解的情况，也无法进入到大脑内部判断阅读理解的程度，只能从阅读的结果来推断阅读能力的强弱，也就是说阅读能力是就阅读结果而言的。阅读能力包含什么内容，什么样的人可视为成功的读者，是界定阅读教学目标的基本前提。从阅读的结果出发来界定阅读能力，代表人物有 Davis[46]和 Munby[47]。

　　纽约市教育委员会列出了36种阅读中需要的能力，在此基础上 Davis 总结出了8种技巧：（1）回忆词义；（2）在语境中推测词的意义；（3）通过明确或释义的方式找到问题的答案；（4）将内容中的观点编织在一起;（5）从内容做出推断;（6）识别作者的目的、态度、语气和情态;（7）识别作者的技巧;（8）理解文章的结构[48]9-10。

单独看每一种技巧,似乎对阅读能力的不同方面都做出了描述,但是严格来说,划分的前提是能力的可划分性,阅读是一个整体性过程,我们是否能够对它进行划分还是一个问题。如果可以划分,划分依据的标准如何,重要性如何排列,这些技能如何去学、去教、去测试? 在二语教学中,Munby 对阅读能力的划分对大纲和教材设计都产生了很大影响[48]10-11:（1）识别语言的书写;（2）推断意义和不熟悉的词汇;（3）理解明确表达的信息;（4）理解未明确表达的信息;（5）理解概念意义;（6）理解句子的交际价值;（7）理解句内的关系;（8）通过词汇衔接手段理解篇章各部分间的关系;（9）通过语法衔接手段理解篇章各部分的衔接;（10）跳出篇章之外阐释篇章;（11）识别话语内的指示词;（12）识别话语内的要点和重要信息;（13）分辨文章的主要意思和支撑细节;（14）提取明显的细节来做总结;（15）使用基本的推断技巧;（16）略读;（17）跳读找到所需要的信息;（18）将信息转码作为图表展示。

相比之下,Munby 的分类比 Davis 的分类更加具体,除了意义的理解外,对篇章的结构和衔接也有所涉及,而且这种全面的分类极具诱惑性,有了它们,阅读教学和测试也就有了理论基础,它们也可以作为诊断阅读问题的基础,从而可以有针对性地进行补充。然而,这些分类是由理论者提出的,缺乏实证观察。另外,它们表面看来彼此独立,实际却经常互相重叠。Eskey 和 Grabe 认为对成功阅读者的描述应该包括阅读的流利和词汇识别的自动化[49],在此基础之上,Carver[50-51]提出阅读的简单模型,即词汇识别技巧、阅读速度和流利度以及理解、解决问题的能力,这种从过程出发分析阅读能力的框架促成了对阅读理解能力的第三种描述:（1）自动辨认技巧;（2）词汇和结构知识;（3）语篇结构形式知识;（4）内容/世界背景知识;（5）综合和评价技巧;（6）元认知知识和技巧监控[52]。

上述的分类从结果和过程两个方面对阅读能力进行界定,如果以阅读结果为标准,阅读能力下的次能力中必然会多处重合,因为不同的能力可能是由同一过程决定的;如果以过程为标准来界定显然更加清晰,但也不排除描述得不彻底的情况。我们对阅读的认识还远远不够,与其选择界定阅读能力的内容，不如描述实际阅读过程中阅读者的活动（阅读方式）包含了什么。

三、阅读模式

本小节介绍三种主要的阅读模式：自下而上、自上而下和交互式阅读。

（一）自下而上和自上而下

自下而上（bottom-up）和自上而下（top-down）是两种不同的阅读方式，经常被人们拿来进行对比。自下而上（即基于技能的阅读方式）强调阅读中包含的各种技能和不同要素，读者需要以印刷词汇为起点，识别字形，进行语音解码，识别词汇后再进行意义解码；这些过程要素彼此独立，具有严格的线性次序，后一过程以前一过程为基础，次序靠后的过程无法对靠前的过程产生影响，了解词汇的意义并不能帮助掌握词汇的发音。自下而上阅读教学的典型代表就是拼读教学法，即学生必须先学会辨认字母，建立字母与语音之间的联系，再进行词汇拼读培养，最后建立词汇发音与语义之间的联系。这种技能的培养明显与行为主义的培养方式极为相似，都是致力于建立形-音、音-义之间的稳定联系，学习者在其中的主动性十分有限，主要以解码者的身份在形-音-义这条连线上进行信号接收和信号转换的工作。

与自下而上相反，自上而下（即全语言的阅读方式）主张阅读就是理解意义，读者在总体上理解意义后阅读即完成，词汇的获得是副产品，这一主张的代表人物是 Frank Smith[53] 和 Kenneth Goodman[54-55]。Goodman 认为阅读是很自然的过程[56]，书写语言像口语一样自然，只不过学会的时间稍晚一点，阅读就像一场"心理语言学的猜测游戏"[57]，读者尽可能地重构作者隐藏在文字间的信息[58]135。在这种阅读方式中，读者或者读者的已有知识在阅读中发挥着非常重要的作用。如果说在自下而上的阅读中读者通过一步步解码的过程达到意义理解，那么，在自上而下的阅读中，读者就是积极运用各种知识达到意义理解，这种意义理解的深度有所区别，路径也是相反的。

关于读者如何运用已有的知识来达到意义理解，我们通常以图式理论模型（schema theoretic model）来解释，任何篇章本身都不包含意义，只是为读者通过以前获得的知识来建构意义提供方向。"每一次理解行为都包含着读者对世界已有的知识"[59]，这种以前获得的知识就叫作背景知识，而这种知识的结构就叫作图式（schemata）[60-62]。读者通过激活自己的原有图式来获得理解和新知，读者原有的信息网络承担过滤器的作用，即读者激活相关图式，并将接收到的新信息与相关信息进行匹配，图式越相关，阅读就越成功。在这种模式中，处于中心地位的是读者的原有图式和拥有图式的读者。

这两种阅读模式的差异非常明显，本章开头的阅读课（一）和阅读课（二）可算是这两种阅读模式的完美示例。阅读课（一）中强调各种技能的训练以及对弱项技能的加强，教师认为各种次技能的相加等于完整的阅读技能，这种典型的结构主义教学方式在目前的阅读教学中并不少见。阅读课（二）中的教师认为阅读课应该模仿自然理解过程，当学生能理解文本意义时，词汇或语法自然也能解决，换言之，解码并不是意义识别的必要条件。我们在此无法判断哪位教师的阅读课更有效，因为现实中很少有教师采用纯粹的某一种方式来进行阅读教学，更多时候是技能与意义交织在一起。

现实中，无论是自上而下还是自下而上的阅读模式都无法完全解释阅读的过程，没有证据能证明解码的各个环节是彼此独立并完全依照线性顺序进行的，当然也没有证据表明解码过程中读者的原有知识处在沉睡之中。而自上而下的阅读模式需要激活原有图式并利用相关信息达成理解，当阅读材料中出现不认识的关键词汇和复杂结构时，读者是否需要对其进行解码？我们出于比较的需要对阅读过程进行简单划分并放大区别以获得理解，然而现实中的阅读总是处在多种因素的共同作用中，我们需要用全面和互相影响的视角进行分析。

（二）交互式阅读

交互式阅读模式认为，阅读开始于对词汇准确、快速和自动的识别[41]12，无论这些词汇出现的语境如何，词汇的自动识别构成了流利阅读的基础，这些词汇就是我们平常所说的视觉词汇（sight words），如the、a 和 is 等。视觉词汇的存在为流利阅读提供了充分的认知处理时间，可以让读者通过对世界知识和话题知识的思考来建构意义。这种自觉识别词汇的过程与字母-音节-词汇的语音解码过程截然不同，只有当非视觉词汇出现时，读者才开始使用语音解码策略。虽然词汇的自动识别并不带来理解，但它构成了阅读的必要条件，如果所有词汇都需要进行解码，那么阅读必定难以进行下去。当自动识别出现困难时，读者就会放慢速度，有意识地把词汇形式、语义与句法联系起来进行解码，当然这时工作记忆的负担也会加大[63]113，而如果词汇解码出现障碍，那么读者就无法将分句和句子长时间保持在工作记忆当中，理解过程就会被打乱。

交互式阅读的中心仍然是读者的原有知识，包括读者的语言知识、语篇的结构知识、阅读的主题知识以及广阔的世界背景知识。这些知识元素不是无序地存储着，而是共同作用来建构意义，图式是解释这些知识的存储与作用的有效模型之一。图式分为形式图式（formal schemata）和内容图式（content schemata）。形式图式是指关于不同类型语篇结构的形式特征或修辞组织结构的知识表征。读者对修辞结构的差异怀有期待，如寓言、小故事、报刊文章、诗歌等不同体裁之间的差异。对形式图式的了解，如常见的语篇由开头、发展、结尾构成，议论文通常包括论点、论据、论证等，事件的叙述通常包括提出问题、解决问题、结果、评价等，能帮助读者快速地对篇章结构形成期待。内容图式是指篇章内容的背景知识，例如烹饪的步骤、新年的庆祝方式、端午节的由来和特定食物、美国的独立战争历史、茶道文化等。这些知识是了解篇章内容的重要条件，如果没有对历史、文化、民俗、科技、法律、经济等方面的基本了解，即使读者能进行成功的词汇解码，理解依然无法顺利实现；特定的文化与语言总是不可分割的。

例如："The police held up his hand and stopped the car."[64]了解交通法规的人就会知道，当警察示意要求停车时，驾驶员应该踩刹车，将车靠边，摇下车窗，准备好驾驶证以备检查，此时警察的手和汽车并没有直接接触。但如果此时的警察换为超人（superman），读者就需要激活与超人有关的内容图式，设想超人此时使用他的超能力，单手止住了汽车，手和汽车之间是直接接触的；而驾驶汽车的人很可能是危害世界和平的危险分子，或者汽车前方有重大危险无法向前行驶。所以，当不同的图式和背景知识被激活时，读者将获得完全不同的理解，这样的理解是无法单纯依靠解码达到的。再如，篇章的主题是彩票（lottery），假设读者对彩票一无所知，他有可能无法了解主人公买彩票之后的心情，也无法预测主人公中奖后的生活。

当讲到背景知识的重要性时，Coady 指出有西方背景知识的学生学英语要更容易些，并且这样的背景知识还能弥补句法知识的不足，即"阅读材料的主题对读者来说应该是非常有趣的并且与读者的背景相关，因为当句法控制很弱时，很强的语义输入能帮助弥补句法的不足，兴趣和背景知识能让学生以合理的速度进行理解并且超越语法的困难持续阅读。"[65]12

从认知加工需要的努力来看，快速、自动的词汇识别几乎不需要加工努力，而那些"高级的"激活图式的认知过程需要耗费大量的加工努力。在大脑认知加工能力一定的条件下，如果读者遇上影响理解的陌生词汇，他将很难同时进行词汇解码和图式处理，阅读困难便可能由此出现。这种阅读的困境是初学者经常遇到的。脱离这种困境则需要对他们进行阅读教学，从视觉词汇入手，让他们熟练掌握语音解码技巧，对阅读材料的难度——特别是词汇加以控制，使他们逐渐达到能自上而下处理篇章的水平。

另外需要指出的是，自上而下和自下而上的阅读模式在阅读过程中往往同时发生，区别是在不同层次上两种模式占的比重会有差异，词汇层面上可能包含更多的解码过程，篇章层面上包含更多的意义理解过程，这两种过程彼此作用促成理解；当词汇解码达到自动化时，读者就可以将更多精力放在意义建构上，为了成功建构意义，读者也需要通过阅读和学习不断充实自己的图式知识，为更加广泛的阅读做好准备。

四、阅读中的变量

阅读的效果由两类变量决定：读者和阅读材料。与读者相关的变量包括读者的情感、性别、年龄、知识、图式、性格特征等，与阅读材料相关的变量包括材料的内容、风格、文体、长度、词汇负载等[48]。以下我们着重讨论读者因素中的情感、知识和阅读材料这三个变量。

（一）情感

情感因素直接决定阅读的水平。当探究母语阅读者成功的秘密时，我们无疑会提到他们对阅读的喜爱、对母语的感情以及对文化的迷恋。据说以色列人重视阅读，有的以色列人刚开始教孩子读书时，会在旁边放一罐蜂蜜，每读一句书，就让孩子舔一口蜜，意思是让他们明白读书是一件甜美和快乐的事。

情感最容易为人们谈论，在日常生活中，我们常常听到人们说"我讨厌……，我喜欢……"情感虽然很难被测量和概念化，但它是主导人类行为的神秘力量。情感力量如此强大，却很少真正进入教师的目标和设计之中，多数教师阅读教学的主要目的并不是让学生热爱阅读，而是提高阅读能力（reading competence）、阅读水平（reading proficiency）。阅读引发的情感共鸣、价值判断和人生历练很少出现在母语阅读和外语阅读活动中。阅读课上学生经常做的练习是回答问题、选出正确答案、判断正误或在文中的某个句子下面画线等。教师或许已注意到情感的重要性，但是在日常教学任务面前，这种考量也只能让位。阅读好比爬山，情感能激发你的欲望并持续激励你不断向上，而阅读技能就好比登山需要的各种技能和装备；情感能指引人主动获取技能，或是在不具备装备的情况下依然坚持攀登，到达山顶后，你的技能就会在自动化的道路上更进一步，情感也进一步升华；但是，如果缺少情感而只有技能支持，攀登也很难坚持下去。

情感变量主要有两种：态度和动机。在此我们主要讨论态度，因为动机直接与行为相关，可使人做或不做某事，下一章再详细讨论。

态度是一种假设性的概念,态度的定义一般包含评价性的语言,如"态度是一种心理上的倾向，通过赞成或反对来评价某一特定个体"[66]1。除表示评价之外，态度还有一个重要的特征就是处在变化中，当人们意识到自己的否定态度并意识到否定态度的来源时，他们可能会改变自己的态度[67]82，这对教师是个好消息。

影响外语阅读态度的因素主要包括以下三个方面。

1. 母语阅读态度

假设当学生学习外语阅读时，已经能够进行母语阅读，那么，他对母语阅读的态度将直接影响他对外语阅读的态度。一个人早期非正式的阅读经历及其所处的社会文化环境对阅读的态度亦会直接影响个人对阅读的态度，例如看到父母和兄弟姐妹阅读会让个人对阅读形成积极的态度[2]49。如前所述，阅读教学时，教师往往会认为阅读能力比情感更重要，这种重点上的偏移会导致学生——甚至是阅读能力很强的学生——认为阅读就是课堂上的活动，与自己的生活没有任何关系，其结果就是学生不会把阅读活动延伸到课外。这种现象可能是阅读教学中最大问题所在。

2. 对外国语言和文化的态度

对外国语言和文化的态度也会对外语阅读产生直接影响。当个人对外国文化抱有好感时，他一定会非常乐意去阅读，以便了解和学习这个国家的语言和文化；反之，他对外语阅读可能会持有一种消极的态度。

3. 外语课堂环境

外语课堂环境包括教师、教材、同学、任务、教学程序等。在教师的认知中，阅读是非常困难的，他们往往会通过提供背景知识，预先进行语言加工来帮助学生进行阅读；而阅读在学生看来也是非常困难的，学生的回应经常是"不确定读到了什么"，或者是对课堂活动"难以理解"[68]116。很多时候，阅读课程的目的是帮学生通过超出他们语言水平的阅读考试。这样的课堂环境很有可能造成学生对阅读的厌恶。

（二）知识

读者的知识主要包括语言知识、背景知识和阅读策略知识。毫无疑问，语言知识是阅读的基础，背景知识提供了理解的参数，策略知识统筹阅读的过程。背景知识与图式的内容相当，我们会在第六章中对策略知识进行详细讨论。

词汇、语音、句法、语义以及语篇知识都是语言知识的组成部分，在这些语言知识中，词汇研究一直是阅读研究中的重点，词汇与语义直接相关，词汇量会极大地影响阅读的效果：读者至少要掌握阅读材料中95%的单词才能达到足够的理解[69-70]，至少要掌握5000个单词才能熟悉阅读材料中97%的词汇[71]。对外语阅读者来说，词汇量问题一直非常突出。当读者遇到太多的生词以致妨碍理解时，阅读就会变得非常痛苦，甚至难以进行下去。外语阅读教学中需要严格控制词汇，有时需要使用简化过的材料，但是简化并不等于简单，因为有时简化会直接使语言不够自然，妨碍外语读者接触到地道的语言，这也是阅读培养教学中需要特别注意的一个问题（有关阅读中词汇的教学方法将在第四章中详细讨论）。

元语言意识（metalinguistic awareness）也属于语言知识的一部分，近年来不断受到研究者的关注。元语言意识指反思语言知识与结构以及有意识地作用于或掌控这一知识的能力[72]，它涉及语言体系的各个层面，如语音、字形、语素、语义、句法、语篇等，例如对词性和语言使用规则的认识。与词汇研究不同，尽管很多人承认元语言意识对语言学习和阅读的重要性，但是关于学习者应该具有什么方面的元语言知识、具有多少元语言知识才能胜任阅读的研究结果并不一致。例如卢敏、张慧的研究表明：词汇知识是阅读理解的最重要影响因素，句法意识对阅读理解有较大的贡献，语素意识也在一定程度上影响阅读理解，而语音意识对阅读理解不具有预测力[73]。与此相对，Alderson 的发现否认了元语言意识在阅读中的作用，他对第二语言为法语的美国学生进行了测试，发现他们的元语言意识与阅读理解能力没有什么关系，即明确掌握语言的规则与语言的理解无关[74]。值得注意的是，这些研究中的研究对象和研究方法都存在较大差异，涉及的母语和外语之间的差异也较大，所以对元语言意识在阅读中的作用还需要进一步研究。从阅读教学的角度来说，元语言意识在教学中的作用必须与其他的知识和策略联系起来思考。

（三）阅读材料

如果说读者的各种情感、知识、图式和策略为阅读做好了准备，那么阅读材料则以一种不可预见的姿态进入到读者的视野中，不同的体裁、不同的内容、不同的风格都会对读者的阅读效果产生影响。例如，即使文章的对象是同一物体，但不同的作者、不同的角度，产生的阅读效果都会有很大差异。出于对教学的考虑，为阅读材料分级是一种很自然的做法，这种分级主要是从词汇量出发，词汇量小的读者适于读低阶的材料，词汇量大的读者适于读高阶的材料。然而，除了对词汇量的考虑外，是否还应该从体裁和内容的角度考虑分级的问题呢？

从体裁上来说，有的人认为小说最容易阅读，但有研究表明小说中的词汇有相当一部分并不常见[71]；如果以材料在日常生活中的出现频率来看，似乎说明文的出现频率最高，但个人生活环境的差异和关注点的不同使得每个人接触到的文体都会有差异。从内容或题材方面来说，与自身经验关系密切的内容似乎更易理解，如人物传记、日常生活、情感经历等；而专业性较强的内容更难理解，如与政治、经济、社会相关的材料；但个人的兴趣和知识面也可能对内容的理解产生影响，例如科技迷可能对描述情感经历的材料不感兴趣，甚至觉得难以理解。由以上分析可以看出，阅读材料虽然比读者因素更加客观可控，但这种客观性也只是相对的，阅读材料的作用仍然受到读者因素的影响。

由于阅读的对象在很大程度上不可预见，为了保证阅读的效率，最好大量阅读包含各种体裁、内容、风格的材料，熟悉不同材料的特征，扩充图式背景知识。

本节简单介绍了阅读的本质和影响阅读因素中的情感、知识和阅读材料，其他影响因素如动机、词汇知识、文本特征、策略等因素将在本书的其他章节详细讨论。接下来，我们将简单介绍写作的本质和模式。

第二节 写作的本质和模式

写作是一种外化的行为，写作的产品直接体现写作的能力。写作发生在多种环境中，有不同的目的。那么写作能力应该如何定义，写作是否也有一些模式可遵循呢？在讨论之前，我们先看看两位老师的英语写作课。

写作课（一）：厉老师写作课的题目是邀请函。她的教学步骤如下：（1）向学生解释什么是邀请函；（2）展示几份真实的邀请函；（3）分析邀请函的构成部分；（4）介绍邀请函写作中可能涉及的词汇和句型结构；（5）要求学生在30分钟内完成写作并交给老师。

写作课（二）：斯老师写作课的主题是写给校长的一封信。她的教学步骤如下：（1）学生首先积极思考，然后以小组为单位讨论想对校长说什么，并将想法汇总到一起，进行分类，并选出最有意义的想法；（2）给学生充足的时间将这些想法组织起来完成给校长的一封信；（3）写完信，学生首先进行自查，修改自己不满意的地方；（4）学生之间交换修改进行互查并提出意见；（5）学生根据同伴的意见和建议进行第二次写作；（6）学生把作文交给老师，老师提出修改意见后返还给学生；（7）学生根据老师意见再进行修改，直到认为达到了自己最好的水平再将作文交给老师。如有必要，学生可以请求老师继续提出意见，反复修改。最后老师对学生的作文进行评分。

以上两种都是课堂写作教学的常见类型，它们具有的共同特征是教师布置任务，学生写；但是仔细看这两堂写作课，又存在很大区别。简单看来，斯老师的写作课要比厉老师的写作课更复杂一些，学生要做的事也更多；但深入来看，这两位老师的写作课有什么本质区别吗？她们对写作和写作教学的认识有什么不同？在讨论写作的本质和模式之前，我们首先需要给写作下一个合适的定义。

一、写作的定义

写作的形式多种多样，要给它下定义并不容易。在现实生活中，以下活动都可以称为写作：儿童在正式学会"写"以前已经能够在纸上涂鸦，用自己的方式记录生活，尽管他们写的并不是真正的文字；儿童进入学校后，在老师的指导下学习书写；学生完成课上练习和课后练习（如 Listen and write、Rewrite、Look and write 和 Fill in the blanks 等）；教师提供范文，学生进行模仿写作；学生在考试时进行命题作文写作；学生写一篇读后感；个人在社交媒体上发言，同时插入表情符号；个人受到一个精彩想法的激励，急切地把它记录下来；研究者仔细论证某个项目的可行性；科学家记录下自己的发现和成果，与他人进行分享。

除了以上这些，现今写作的媒介也已经大大地扩展，很多时候是无纸化写作（例如作者现在的电子稿写作）。就写作的方式而言，Byrne 认为写作是在平面上形成图形符号留下痕迹，关心的是写作的表面特征[75]。从构成元素来看，Pincas 认为写作主要与语言知识有关，关注的是词汇、句法、衔接手段的恰当使用[76]。从产生顺序来看，写作沿着词、句、段、篇的方向线性演进。从产生过程来看，写作是将头脑中加工出来的表达以能辨认的方式呈现。从写作来源看，写作总是伴随着某种意图。从方向来看，写作属于产出性的技能，必须要以接受性的知识为基础（见表2-2）。

表2-2 写作的定义

维度	定义
方式	在平面上形成图形符号留下痕迹
构成元素	词汇、句法、衔接手段的恰当使用
产生顺序	沿着词、句、段、篇的方向线性演进
产生过程	将头脑中加工出来的表达以能辨认的方式呈现
来源	与某种意图相伴
方向	属于产出性的技能，必须要以接受性的知识为基础

在本书中我们将写作定义为：为了实现某种目的或完成某种任务，

学生以文字为工具进行的学习或交际活动。写作在二语／外语学生的学习中发挥着重要作用，它能够帮助学生获得新信息，展示自己对课程材料的理解，并且在对课程知识综合的过程中构建新知识。

二、外语写作能力

如前所述，写作出现在各种情境中，有各种目的和形式，因此，对写作能力的界定也并不是一件容易的事，例如，速记员准确记录下他人所说的话的能力就与写出一篇有说服力的议论文的能力不同。对外语学习者来说，学习写作的含义可能是一个从学会写常用的词汇到使用外语写出一篇学术论文之间所包含的一系列写作活动的变化过程。既然给出一个涵盖所有情境的外语写作能力的定义非常困难，那么我们可以尝试着描述人们学习、使用母语和外语写作的情境，以及与外语学习者相关的写作类型。

我们先看看母语写作的情境。写作经常与学业或职业成功相联系，从义务教育到高等教育发展的过程中，有效写作的重要性不断增强，特别是到了大学阶段，写作不仅是一种标准化的交流体系，也是学习的基础工具。在高等教育阶段，写作的主要功能之一就是通过思考来扩展知识而不仅仅是交流信息。写作和批判性思维紧密联系，对写作技巧的掌握被视为掌握大学学习所需的认知技巧的标志；反过来说，如果学生没有掌握写作技能，那么他就可能没有掌握成功学习所需的思考和推理能力[77]4-5。因此，在母语写作教学中特别是在高等教育阶段，人们非常重视思想的原创性、思维的发展以及逻辑的严密；语言规则虽然也重要，但与内容和篇章组织相比其重要性就略为逊色。

写作教学的目的在不同文化中虽然不一样，但写作在学校教育中始终是非常重要的，大多数孩子在学校教育中都要学习写作，从这个意义上讲，我们可以说母语写作教学在目标上是相对标准化的。但是在外语写作教学中，我们却无法做出上述论断，因为儿童和成人在不同的情境中学习和使用外语；相应地，我们也无法对他们写作学习的目的进行统一描述，有的是为了获得教育机会，有的是为了得到工作机会，有的是为了通过学业测试。在最简化的层面中，我们或许可以以年龄、教育水平、母语读写水平和对写作的真实需求为标准来对外语学习者进行分类。除了这些因素外，我们还需要考虑学习者的外语水平，即他们是否掌握了需要的语法和词汇，以及是否了解母语和外语之间的区别和相似点。

另外，对外语写作能力的界定还可以从常见的写作类型来分析，借用 Vähäpässi 在 1982 年[77]8-9 对学校写作研究的分类方法，我们可以基于两个标准来对写作进行分类，第一种是认知处理水平，即根据需要投入的认知处理投入程度，写作可以分为三个层次（见表 2-3）。

表2-3　写作分类：认知角度的三个层次

层次	认知处理水平（由低到高）
第一层次	对用语言表述的信息进行重现，如听写或填空
第二层次	安排或组织写作者已有的信息，如写一份实验报告
第三层次	创造或产生新想法或新信息，如说明性写作

从表 2-3 中我们可以看出，第一层次的写作需要的认知处理努力最少，第三层次需要的努力最多，而第三层次的写作对母语写作者的学术写作和学术环境中的外语写作者来说是最重要的。

第二种分类标准是写作意图或目的。写作的目的大致可分为六种：学习、表达感情、传递信息、说服他人、带来快乐、保持联系。这些目的没有层级之分，即完成一种目标的能力并不以完成其他目标为基础。这两种分类方法互相结合（3×6），一共可以产生十七种写作语篇（第三层次"创造新想法"与"保持联系"没有结合），如认知处理水平中的第二层次"安排信息"与目的中的"学习"结合，可以形成简历、总结、概要、释义等语篇，第一层次中的"信息重现"与目的中的"传递信息"相结合可以形成"引文""填空"等语篇。如果要定义和评价外语写作能力，可以参考这十七种写作的类型，看学生是否能成功完成认知处理任务并实现写作目的。除以上两种分类标准之外，外语写作还应考虑目标读者，是写给自己还是写给别人，不同的目标读者会产生不同风格的语篇。

通过上述分析，我们认为对外语写作能力的界定要考虑到以下因素：（1）年龄、教育水平；（2）母语读写水平；（3）学习外语的目的；（4）外语写作的目的；（5）外语写作的目标读者；（6）外语水平；（7）对母语和外语的了解；（8）写作需要的认知处理努力。

外语写作是一种输出行为，写作者本身具有的知识应该受到更多重视，同时它又受到写作类型、写作任务等诸多因素的影响，从这个意义来讲，写作与阅读同样具有交互性，学习者需要依据写作任务的要求，判断写作的对象和目的，充分使用自己的语言和背景知识，选择并完成写作涉及的认知处理活动，继而评价自己是否实现了写作目的、是否需要调整自己的写作。当学生在这一交互过程中完成写作任务时，他就具有了使用英语进行书面交际的能力。

三、写作教学模式

外语教师常用的写作教学模式主要有以下几种：以结果为取向（product approach）、以过程为取向（process approach）、基于体裁（genre approach）、基于过程–体裁（process-genre approach）、以内容为取向（content-based approach）、基于任务的模式（task-based approach）。这些模式可以用来解释写作是如何产生的。在此我们主要讨论前四种模式，这些模式并非彼此对立，而是特征共享或特征互补。

（一）以结果为取向

在这种方法中，学习写作一般要经历三个阶段：熟悉（familiarization）、控制写作（controlled writing）或引导写作（guided writing）、自由写作（free writing）。

首先，在熟悉阶段中，教师给学生提供写作的模板，并解释文章中重要的句子和结构，教师展示一些新结构并解释它的形式和意义；在控制写作或引导写作时，学习者练习使用学习到的词汇、句型和结构进行写作，通过练习获得更多的写作自由，直到能够自由写作（例如在写信件、故事和散文等真实的写作活动中自由地运用写作技巧），教师对学生写作中的错误进行修改。

以描写房屋为例，在以结果为取向的模式的写作课堂中，在熟悉写作阶段，学生可能先熟悉一系列描述房屋的用语，这些描述语可能以文字的方式呈现，例如描述房屋里各个房间的名字；在控制写作阶段，学生可能根据替换练习写一些简单的句子来描述房子；在引导写作阶段，学生根据一幅房子的图画进行写作；最后，学生在自由写作阶段描述自己的家。

总之，以结果为取向的模式认为写作主要与语言结构和知识有关，语法的正确性和篇章的结构是最重要的两个方面，写作的发展主要是学生根据教师提供的文本输入进行模仿的结果。

从以结果为取向的模式中我们可以看到明显的行为主义的影响，写作是教师提供刺激（模版）、学生行为养成的过程（模仿、改错）。这种方法在我国的外语教学中应用广泛，对于入门的写作者来说，它可能是比较适用的一种方法。但是，其缺点也是十分明显的，教师和学生关注的是语言形式，对语言内容不够重视；学生在写作过程中的自主性受到限制，也没有考虑到社会文化因素。

（二）以过程为取向

针对以结果为取向的模式的不足，在 20 世纪 60 年代，出现了以过程为取向的写作教学模式，强调在写作活动中学习者从产生想法开始到收集数据并完成文本写作的过程。在这种以过程为取向的模式中，写作主要与语言技巧相关，如计划和拟草稿，不强调语言知识（如对语法和语篇结构的知识）。

对于写作过程中作者经历的不同阶段，人们存在着不同观点，有一种典型模式认为写作过程分为四个阶段：写作前（prewriting）、写作/草稿（composing/drafting）、修改（revising）和编辑（editing），这是一个循环的过程[76]39。例如在经过编辑和修改后，作者仍然可以返回到写作前的活动，考虑为文章增加一些新的想法。以过程为取向的模式中，典型的写作前活动可能是学生对房屋这一话题进行头脑风暴，想出所有可能与 "house" 有关的想法；在写作/草稿阶段学生可能对头脑风暴产生的结果进行挑选并结构化，为房屋的描述提供一个计划，以指导学习者写出描写某一特定房屋的第一稿；讨论过后，学生可能会独立或与小组成员一起修改第一稿，最后编辑或校对文本。写作过程中的四个阶段不是线型排列的，而是一个相互交叉、相互包含的过程。在这个过程中教师还可以加上同学互评、教师批阅和师生交流的环节，并且在最后成稿之前每一个阶段都可能被多次重复，文本也会经过多次修改，以不断完善。

在以过程为取向的模式中，教师的主要作用是促进学生的写作，提供输入或刺激并不是最重要的。正如婴儿或幼儿的母语是发展和学习而来的，外语学习者也应该发展和学习写作技巧，教师的作用在于激发学生的潜能来发展学生自己的写作。

以过程为取向的模式的出现以认知心理学为基础，它把重点放在了学生的写作过程和写作能力上，有利于学生了解自己的写作过程，充分发展自己的思维能力。整个过程以作者探索并且表述意义为中心，不拘泥于形式。写成的文本，或者说结果（product）被作为次要的、第二位的因素，为文章的内容和作者的意图服务，它着眼于学生写作的长期发展。但是以过程为取向的模式也存在一定的问题，它对于写作持的是一种整体性的观点，无论是谁在写，写的是什么，写作过程都是一致的。所以，尽管在给朋友写贺卡和写一篇学术文章时，写作前花费的时间和精力都不同，但是在很多过程写作教学活动过程中这种差别并没有反映出来。以过程为取向的模式可能会忽略写作发生的语境，因此，我们在写作前的活动中要区分不同的语境因素，如读者对象、想法的产生、文本的组织和文本的目的等。

简言之，以过程为取向的模式把写作主要视为语言技巧的使用，把写作发展视为一种无意识的过程，当教师促进学生使用写作技巧时写作就会自然发展。

（三）基于体裁

基于体裁的模式在英语教学中属于相对年轻的"成员"，系统功能语言学学派基于体裁的教学方法是迄今为止应用最广的体裁法，也是目前国内推介较多的教学方法。系统功能语言学学派的体裁理论认为，体裁是一些不断复现的意义结构，这些意义结构帮助作者实现特定的社会目标[78]，因此，体裁教学的主要内容是基本体裁。在进行体裁分析时采用纲要式结构（schematic structure）来分析语言的修辞层面和为达到交际目的所使用的语言策略，并且语域分析也被纳入考虑范围，即从话语范围（field）、话语基调（tenor）和话语方式（mode）三个方面来看语言形式和语境之间的关系。

　　系统功能语言学学派体裁教学方法结合维果茨基的学习理论，提出基本体裁教学的"教学循环方法"（teaching-learning cycle），包括五个步骤：（1）讨论某种特定体裁的功能和写作语境；（2）结合范文，进一步分析该体裁的体裁特征、使用语境和语言特点；（3）师生共同完成一篇相关体裁的文章；（4）学生在教师帮助下，独立完成一篇该体裁的文章并修改；（5）师生共同对学生的习作做出评价，总结所学体裁类型并与其他体裁相比较[79]。

　　从上述介绍可以看出，基于体裁的模式与以结果为取向的模式存在相似之处，并且在某些方面，基于体裁的模式可以看作是以结果为取向的模式的延伸。与以结果为取向的模式一样，基于体裁的模式主要把写作看作是与语言相关的练习，但是与以结果为取向的模式不同的是，基于体裁的模式强调写作随着写作的社会环境不同而变化，会有一系列不同类型的写作任务，例如销售信件、研究论文、汇报。这些不同类型的写作与不同的情境相关[80]，因为并非所有学习者都需要在多种社会情境中写作，所以我们在制订写作大纲时必须要注意选择有代表性的场景。

　　在进行体裁分析时，我们要清楚情境分析的中心问题是写作的目的，不同类型或体裁的写作，如道歉信、食谱、法律文书，用以达成不同的交际目的。实际上，Swales 把体裁定义为一组交际事件（communicative event），这些事件有共同的交际目的（"体裁"这一概念在第六章中还将详细讨论）[81]58。

　　体裁还会受情境中其他特点的影响，如主题、写作者与读者之间的关系和组织的模式。在英语教学领域中，Dudley-Evans 将体裁写作方法划分为三个阶段：第一阶段介绍并分析一种特定体裁的模式，第二阶段学习者练习使用相关的语言形式，第三阶段学习者写出一个较短的文本[82]154。从这三个阶段看来，基于体裁的模式与以结果为取向的模式确实相近。

　　在基于体裁的模式的课堂中，学习者可能对真实的以销售物业为目的的、由房产中介或开发商提供的房屋描述文本进行仔细的阅读，与以结果为取向的模式的教学类似，学习者可能会对房屋的描述进行分析，同时或许会使用词语检索程序来检索其中的一些语法元素或词汇模式；

他们会考虑社会情境，文本可能是在参观过房屋后写的，写作的目的是卖房子，读者由潜在的买家组成，文本中的文字有图片和图表加以说明。通过给予不同程度的帮助，学习者或许能写出部分文本。最后，学习者独自写出完整的反映社会情境的文本，并能用地道的语言对房屋进行描述。基于体裁模式的倡导者对于他们的学习理论并不明确，但从他们对文本模板的使用和分析的想法说明他们认为学习写作一部分是模仿，一部分是理解并有意识地应用规则。

简单来说，在基于体裁的写作模式中，写作主要与语言知识相关，并与社会目的紧密联系，而写作的发展则被视为是对教师提供的文本输入的分析和模仿。

（四）基于过程–体裁

基于过程–体裁的模式是以过程为取向的模式的发展，并融入了社会环境这个重要因素。在以过程为取向的模式中加入体裁的概念是受到20世纪80年代韩礼德功能语言学的影响，基于过程–体裁模式把写作看成一种社会活动，强调受众（audience）和体裁（genre）在写作中的重要性；对体裁分析的一个中心看法是将写作嵌入在社会情境当中。所以，一篇文章是用来实现来自特定情境的某个特定目的，例如房产中介用文字来描述一所房子就是为了卖掉它。这一目的对主题、作者/读者的关系、组织、渠道或模式都有影响[83]15。虽然体裁分析强调特定文本中使用的语言，但我们仍然试图把作者如何产生反映这些元素的文本的过程囊括进来，这就是"过程体裁"（process genre），具体来说包括作者决定房屋的什么方面应该被突出，以及对适当语言知识的掌握。

在写作课堂中，教师需要尽可能真实地复制情境，为学习者提供足够的支持来找到写作的目的和社会情境的其他方面。所以，想要推销房产的写作者需要考虑他们的描述是为了卖房（目的），他们的描述必须对特定的人群有吸引力（话语基调），描述必须包括特定的信息（语域），房屋描述有一定的方式（语式）。然后，学习者根据自己的词汇、语法，组织已有的知识，使用合乎体裁要求的技巧来完成一篇反映特定情境的房屋描述文本。

现在，我们再来看看本节开头厉老师和斯老师的写作课，就可以把厉老师的教学方法归入以结果为取向的写作模式，把斯老师的教学方法归入以基于过程为取向的写作模式。总体来说，这些主要的写作教学模式在不同时期成为英语写作教学的主流，但它们各有不足，而正是因为这些不足使得写作教学模式不断发展：以结果为取向的模式过于强调语言知识的掌握，缺乏真实的情境；以过程为取向的模式忽视语言知识，重视写作技巧，强调写作技巧的自然发展；基于体裁的模式则强调社会情境和模仿写作，但对写作者个人的技巧发展不够重视；而基于过程-体裁的模式综合了基于体裁的模式和以过程为取向的模式的优点。正如我们在本节开头所说，这些写作教学模式并非互相排斥，更多时候它们彼此互补。作为教师，我们需要根据学生的水平和特点来选择合适的写作教学模式。

第三节　阅读和写作的关系

从表面来看，阅读研究与写作研究之间泾渭分明，二者有不同的研究对象和研究方法，但是正如说和听的关系一样，如果要在口语交际时产出别人能理解的话语，首要条件就是说话人能理解别人的话语，听与说不可分割。同样，阅读和写作之间的关系也并不像阅读研究和写作研究表现得那样疏远。在听和说之间，听话人和说话人共享的是话语；而在读和写之间，作者与读者共享的是语篇，作者将自己的信息和意图编码放进语篇，读者再将其解码。读者首先要能理解语篇，然后才能创作语篇。另外，读者对优秀语篇的构成方式的了解，也能为语篇理解提供框架[84]。从这个意义上来说，阅读和写作之间存在接口。

一、阅读和写作关系研究的类型

阅读和写作关系的研究方法大致有三类：修辞关系、程序联系和共有知识[85]。

（一）修辞关系

修辞关系的立足点是阅读和写作都是交际活动，读者和作者通过充当信息的接受者和发出者来获得关于交际的认识。

（二）程序联系

程序联系将阅读和写作都视为功能性的活动，读写可以结合起来完成外部目标。这种方法通过任务分析来研究如何将读写结合起来使用，这种研究强调读写在学术任务中的结合，例如研究记笔记如何影响理解，学生如何在写报告的过程中对篇章进行综合，或者如何利用阅读来修改写作。

（三）共有知识

这类研究的前提是阅读和写作是认知过程的集合，认知过程依赖于各种语言层次的知识表征（音素、正字法、语义、句法、语用）。依据这种观点，阅读和写作是相关的，因为它们依赖相同的或相似的知识表征、认知过程以及语境和语境制约。因此，人们应该视阅读和写作为相似的技能，它们的发展也应该是同步的，并且某些教学方法也能够通用。

下文我们从共有知识的角度重点介绍阅读和写作的关系。

二、读写相互促进

根据陈立平[86]的介绍，库塞（Stephen B. Cucer）在分析阅读和写作的关系时提出，阅读和写作两个过程在以下四个方面有着共同的认知基础：（1）阅读者和写作者在各自的活动中，运用预知识构建语篇世界的意义。（2）书面语言机制向资料库输入信息，语言使用者在构建语篇世界时，则从同一资料库里提取信息。（3）阅读者和写作者在将预知识转换成语篇世界时，使用的程序相同。（4）阅读者和写作者在构建语篇世界时，表现出相同的处理模式或能力。由此可见，阅读和写作是两个相似的、动态的、相互作用的过程，都包含有预先存在的记忆结构，都对语篇结构进行分析，并且都包含理解和创作的行为。

具体来说，我们可以把写作看成是对阅读的模拟。在写作时，作者必须以读者为中心，并尽最大的努力来扮演读者的角色。例如，在介绍画家凡·高的作品《向日葵》时，作者要先考虑读者具备什么知识，想了解什么知识。如果读者不具备任何美术知识，作者就要从欣赏美术作品所需要的最基础的知识讲起，如何去欣赏线条、画面、构图，或者仅仅选择介绍一些与画家和作品有关的趣事。而如果读者具备一定的美术知识，作者就需要跳过相关基础知识，直接描述如何欣赏这幅画，作者的创作风格如何，受什么艺术思潮的影响，批评家如何解读。

阅读还可以为写作提供预知识，学习者需要从阅读中获得显性或隐性的语言知识、背景知识和体裁知识来准备自己的写作，"读书破万卷，下笔如有神"就是对这种读写关系的最好总结。根据陈立平[86]的介绍，Flood 和 Lapp 发现，写作能力较强的人常常阅读能力也较强，并且阅读能力较强的人写出的文章比阅读能力较弱的人写出的文章在句法上更为成熟。阅读经验似乎始终与写作能力有关，或者说始终影响着写作能力。

写作也可以为阅读提供图式准备，从写作来看，一篇文章大体上需要具备开头、发展、结果三个部分，篇章由段落构成，段落由句子构成，句子由短语构成，这是写作的基本结构性知识。句与句、段与段之间都应该具备合理的联系，常见的连接方式有并列、转折、因果等，连接方式有时以语义体现，有时通过连接词体现。作者在写作之前，通常会对读者有一个预期，读者的趣味和偏好、年龄和性别都会影响作者的写作。作者据此选择写作方向，确定内容和风格，然后进行写作。另外，作者有可能会挑战读者的理解力，以不常见的风格和文体进行表达，期待读者的反应。以上种种关于写作的知识，都可以作为通向成功阅读的阶梯。

基于这种相互促进的关系，Widdowson[87]指出阅读和写作可以贯通一起进行教学，他认为学习者应通过写作来学习阅读技巧，通过阅读来学习写作技巧。具体来说，教师首先应该培养学生的阅读兴趣和品位，从大量阅读中获取相关知识。在直接教学时，教师以文本为基础，分析作者如何实现自己的意图，使用了什么样的语言手段和组织方式；再提供相近题材的文章供学生阅读，获取更多的主题知识；最后让学生进行主题写作。学生在写作时应扮演读者的角色，写作完成后进行修改时，以修改写作产品为目的再次进行阅读，搜寻阅读证据，编辑写作产品。

本章小结

本章主要讨论了以下内容：（1）对阅读和阅读能力的定义。定义阅读非常困难，从不同的角度出发我们会给出不同的定义，而我们所持有的定义也会影响我们对阅读的理解。定义阅读能力可以从结果和过程两方面来看，目前来说我们更加倾向于从过程来定义阅读能力。（2）对阅读模式的讨论。无论是自下而上的解码过程还是自上而下的意义建构，都无法完整描述阅读的过程。所以，我们选择用交互式阅读模式来描述阅读过程，即以词汇解码为基础，通过意义建构来理解篇章意义。（3）对阅读变量的讨论。阅读过程中的关键变量包括读者和阅读材料。读者变量主要包括情感（态度和动机）和知识（语言知识、背景知识和阅读策略知识）。（4）对写作和写作能力的定义。对写作和写作能力的定义同样复杂，要考虑写作的目的、对象、读者和认知处理投入程度等因素。（5）对写作过程的描述。我们通过描述写作教学模式来解释写作的过程，主要有四种模式：以结果为取向的模式、以过程为取向的模式、基于体裁的模式、基于过程-体裁的模式。（6）读写之间的关系。阅读与写作之间存在接口，二者之间是互相影响、互相促进的关系。

总之，不同的阅读和写作理念直接影响读写能力的培养方式，介绍这些不同读写模式的目的是要帮助读者形成对读写的全面认识，在选择某种模式进行读写能力培养时能客观评价该模式的优点和不足，对其进行必要的修改来适应自己的培养目的。下一章我们会把焦点从读写能力培养的实施者转向读写能力培养的对象，着重讨论青少年进行外语读写学习的动机问题。

第三章　　读写的动机

　　在前两章中，我们讨论了外语读写学习的起始阶段需要掌握什么能力，如何培养这些能力，还讨论了阅读和写作的本质和模式及其变量，目的是勾画出外语读写的整体轮廓和起始阶段的设计。但是，合理的设计必须包括学生，例如学生是否愿意参加读写活动？怎样吸引学生参加读写活动？怎样保证学生投入必要的时间和精力进行读写练习？这些都是读写能力培养中必须考虑的问题。本章我们讨论情感变量中的动机因素，动机虽然不在读写的信息处理中直接发挥作用，但是它会极大影响学生对读写学习的投入。目前广泛接受的一种说法是，在其他条件相同的情况下，学生动机越强，二语（外语）学习越成功；没有足够的动机，即使学习者具有很高的语言和认知能力可能都无法达到长期目标[88-89]。动机可以通过系统的方式进行强化，这也是外语教师需要注意和努力的一个方向。

　　本章主要讨论动机的定义和分类、动机的激发以及外语读写动机的激发，目的是通过强化学生的学习动机来引导学生进行高效的读写活动以促进读写能力的提高。

第一节 动机的定义和分类

"动机"这一概念最初来自心理学研究，是人类有意识行为中普遍存在的影响因素。本节通过介绍外语学习动机研究的有关进展来探讨强化读写学习动机的方法。

一、动机的定义

我们对动机的讨论从学生的阅读个案开始。下文的个案描述了学生小杰的阅读经历：

小杰今年十岁，四年级学生。在过去几年的正式学校生活中，他阅读能力一直很好。在上小学以前，他对书本就建立起了美好的感情。在他很小的时候，他的妈妈和奶奶就喜欢读书给他听，所以，他认为阅读是自然而美好的事情。现在每天他都很自然地读一些基础读物并做一些练习来加强必需的阅读技巧。他认为这些练习很容易，每次都能快速而准确地完成。小杰还喜欢大声朗读且经常受到老师的表扬，乐意参加同学之间的阅读分享会，与同学们分享自己对故事的理解。现在，小杰第一次遇到了阅读困难，他发现科学课本上有很多词汇和概念都很陌生，而书上的图表以前也没有看到过，他想放弃科学课。但是，老师告诉他其他同学也有类似困难，并给了小杰一些阅读指导。之后，小杰渐渐变得自信了。一次科学课上学习化石时，小杰想起他在去年暑假旅行中见过一块类似的石头并拍了照。于是，他将那石头的照片给老师看，老师告诉他那块石头就是化石。从那以后，他对科学课有了不一样的感受，科学课本上的信息对他具有了某种意义。他对科学课本产生了兴趣，即便对某些词语还不熟悉，也愿意去读。

在这一阅读个案中，小杰的阅读动机是如何对他的阅读行为产生作用的？在回答这个问题之前，我们先看看对动机的定义和分类的不同分析。

Gardner 将二语学习动机定义为个体出于意愿或满足感在学习语言时的努力程度[90]。他认为，判断一个人是否具有动机的标准有两个：一是个体显示出一些目标指向的行为；二是个体为目标付出努力，且个体显示出要实现目标的欲望、对学习活动的积极态度（或情感体验）[91]50。动机本身由两部分构成：预期（expectation）和价值（value）。这两部分处于动态博弈中，博弈的结果决定动机的强弱。例如，学生预想某本书很难理解，可能在阅读过程中会中断数次，翻查字典，这些预期都会让学生想放弃。但学生也明白这本书非常重要，读懂它能让自己的知识和经验都更加丰富，此时，阅读的价值超越了阅读困难的预期，学生就会具有强烈的动机。动机一般包含相信自己能成功，认为从事的活动比较有趣且有意义等感觉[92]。

二、动机的分类与启示

很多研究者都对动机进行了研究和分类，这些分类为我们更全面地理解动机这一情感因素提供了帮助。

（一）融入型和工具型动机

Gardner 和 Lambert 把动机分为融入型（integrative）动机和工具型（instrumental）动机[90]。如果学习者学习某种语言的原因是为了与目的语族群的人进行交流，或者是为了更好地理解他们及其文化或生活方式，那么学习者的外语学习动机就属于融入型动机。如果学习者是为了某种实用目的，如为了得到一份好工作或者能够受到更好的教育，那么学习者的动机就属于工具型动机。

Gardner 和 Lambert 对动机的划分受到了一些批评，有的研究者认为融入型动机和工具型动机并不是完全分开的，二者之间存在着交叉。Gardner 和 Lambert 对动机的研究是在加拿大二语环境下进行的，在外语环境中，大多数人学习外语的动机并不是与目的语族群的人进行交流，更谈不上融入外语族群，例如有的人学习外语的动机就是为了拿到证书。低龄学习者在课堂环境下学习外语时很少涉及某种实用目的，所以融入型动机与工具型动机的划分并不能准确描述外语读写的情境。

（二）内部动机和外部动机

按照动机的来源划分，动机可以分为内部动机和外部动机[93]。内部动机源于学习者对任务本身产生的兴趣，是学习者在完成任务的过程中产生的积极的情感体验，如好奇心的满足、成就感等，它是维持动机的强大因素。外部动机是与任务本身之外的刺激物相联系的动机，如金钱、惩罚、分数等。具有内部动机的学习者会主动寻求机会做与外语有关的任务，无须外力推动，而外部动机往往伴随着外部刺激物的消失而减弱或消失，但两者也可以互相转化。如果外部动机被充分内化，它可以与内部动机结合，或导致内部动机的产生。与融入型动机和工具型动机相比，内部动机和外部动机的分类更贴近学习者本身，分类更加清晰，但内部动机和外部动机有时难以区分，如学习者获得外部刺激物的同时也会获得内在的成就感。

（三）动机归因理论

教育心理学家 Weiner 提出了动机归因理论（attribution theory）。该理论研究成败的归因及其对未来目标期待的影响[94]。Weiner 认为成败的原因有四种：能力、努力、运气和任务难度，并从内在性和外在性、稳定性、可控性三个维度对这些原因进行了分析。从内在性和外在性维度来看，能力和努力是内在因素，而运气和任务难度是外在因素。从稳定性维度来看，能力和任务难度是稳定的，努力和运气是不稳定的。从可控性维度来看，努力是可控的，能力、运气和任务难度是不可控的。归因理论最重要的价值在于重新归因培训，包括改变学生的归因，以便把失败的原因归结为不稳定的、可控的因素，目的在于让学生认识到自己能控制学习结果。研究表明，若学生将失败归因于内在的、稳定的和不可控的因素（如能力），在遭遇失败时可能无法坚持；若学生将失败归因于外在的、不稳定的（如运气）或可控的（如努力）因素，在遇到困难时则很可能坚持学习，通过增加练习量来获得成功。若学生将成功归因于内在的、稳定的（如能力）或可控的因素（如努力），便会充满自信，增强学习动机；若将成功归因于外在的、不稳定的且不可控的因素（如运气），那么获得成功时的满意度就会减少，学习动机也不会增强。

（四）二语动机自我系统

Dörnyei 接着扩展了二语动机研究的范围，开始把认知、情感和社会因素放在一起进行考虑，提出了二语动机自我系统（the L2 motivational self system），这一系统基于的理念是：学习者想要缩小现实的（真实的）自我与将来的自我之间的差距的愿望为语言学习行为提供了动机[95]。二语动机自我系统包括三个部分：理想二语自我（the ideal L2 self），应该二语自我（ought-to L2 self）和二语学习经验（L2 learning experience）。理想二语自我与特定的二语方面相关，代表了个人理想、希望和愿望，它包括了传统的融入型动机和内部动机，是学生动机行为中非常有力的决定性变量。应该二语自我是指个人为了避免负面结果而相信自己应该拥有的属性或价值，包括自己的义务、责任和前程。研究表明，应该二语自我对动机行为的影响小于理想二语自我[96-98]。二语学习经验是指即时学习环境中所包含的情景动机。在二语动机自我系统的三个部分中，二语学习经验被认为与动机学习行为联系最密切。

（五）我国研究者对外语学习动机的分类

外语学习的目的和态度在不同国家或在同一国家内不同的学习者之间都存在差异。我国研究者在国外经典动机研究的基础上对我国的初中生、高中生、大学生的外语学习动机进行了调查，有三位研究者使用的问卷基本一致，他们的研究具有较强的可对比性。高一虹等人通过大范围取样和问卷调查，发现大学生的英语学习动机有以下七种类型：内在兴趣型、成绩型、情景型、出国型、社会责任型、个人发展型和信息媒介型。动机类型不同，学生学习英语的努力程度也不同。内在兴趣型、出国型、个人发展型和信息媒介型动机越高，学生学习英语的努力程度也越高；成绩型动机越高，学生学习英语的努力程度反而越低；社会责任型动机高的学生组学习英语的努力程度高于社会责任型动机中等的学生组和社会责任型动机低的学生组，但社会责任型动机中等的学生组和社会责任型动机低的学生组之间没有显著差异[99]。

刘宏刚等借鉴并修改了高一虹的动机调查问卷，对三地一千多名高中生进行了问卷调查，发现目前学生的英语学习动机呈多元化的特点，远景型动机（文化动机）和近因型动机（工具动机和情境动机）并存，而且动机普遍偏低；若将动机按强弱排序的话，情境动机高于工具动机，工具动机高于文化动机。在语言学习方面，女生较男生有更强的动机。在个人发展动机和情境动机方面，一年级和二年级之间、二年级和三年级之间均存在显著差异，说明学生在高一到高三的学习过程中经历了学习动机上的转变[100]。

李宗强同样使用并修改了高一虹的动机调查问卷，对三所初中学校学生的英语学习动机进行了调查，他将初中生英语学习动机划分为五类，即内在兴趣动机、出国与社会责任动机、个人发展动机、成绩动机和教师因素动机[101]。其中，内在兴趣动机属于文化型动机，个人发展动机、成绩动机属于工具型动机，教师因素动机属于情境型动机，出国与社会责任动机介于工具型动机与文化型动机之间，总体上文化型动机均值高于工具型类动机，但动机以工具型动机为主。内在兴趣动机和个人发展动机在性别上存在显著差异；出国与社会责任动机和个人发展动机在年级上存在显著差异；教师因素动机在年级上存在显著差异；成绩动机在学校类型上存在显著差异；个人发展动机在英语水平上存在显著差异。

从以上研究可以看出，学习者的动机表现处在变化之中，动机在不同的个体之间有变化，也有可能随着时间而变化。教师主要是理论的使用者和实践者，其任务是从相关理论中找到与教学环境匹配的理论模式来促进自己的教学。动机理论对于外语教师的启示有以下几点。

（1）教师积极对学生开展归因培训，鼓励学生将学习困难的原因归结于外部影响因素，以保护学生的自信心。对于成功完成阅读的学生，教师应引导他们把成功归因于能力、努力等因素，这样会提高他们的自信心，进一步激发他们的读写动机。对于有困难的学生，教师应引导他们把外语学习的失败归因于自身努力不够，或某些外部可变因素；要防止这类学生将外语学习的不成功完全归结于自身素质的倾向，以避免他们产生消极厌学情绪，最终导致学习动机丧失。

（2）从Dörnyei[95]的最新动机模型和刘宏刚[100]的研究来看，二语学习经验或二语学习的即时情境是动机中最重要的因素，其次是理想二语自我和应该二语自我。教师的首要任务是设计学生感兴趣的、能胜任的学习任务和环境，其次是帮助学生为自己的二语学习设定一个理想的目标，鼓励学生为理想目标而学习，不要盲目地告诉学生应该做什么、必须做什么。教师对日常学习的精心设计始终是动机引发过程中最重要的一环。

（3）教师应该把内部和外部动机结合起来激发并保持学生的学习热

情，开始时可以用外部动机启动学习行为，再激发内部动机让学生对学习活动产生积极感情，同时以外部刺激物支持学习行为。内部动机和外部动机的划分最为简洁，在动机激发上具有较强的可操作性。

（4）教师的支持始终是外语学习动机中的重要组成部分，特别是当学生的外语学习内部动机逐年递减时[102]，教师需要给予更多的情感支持（如"老师的态度对我一向很温和"）和能力支持（如"老师一向支持我参加各种活动和比赛"），而不仅仅是给予学习支持（如"上课时老师常常让我回答问题"）。

从上文小杰的经历来看，他进行阅读的动机源于自身，阅读的目的是为了获得满足和愉悦，而不是为了外部奖励，所以他主要受内部动机驱动而阅读。因为小杰从小对阅读就形成了积极正面的看法，教师不用特意使用外部刺激物，只需要向小杰指出他的阅读困难是因为阅读材料发生了变化，并不是他的能力有问题，所以教师只需要给小杰提供阅读指导，并将新的阅读内容与小杰的经验结合起来就能激发小杰进行科学阅读的动机。一般来说，因外部动机而进行阅读的情况下，读者对文本的理解停留在表层，他们所关注的多是事实和细节，对大意、主题、逻辑等关注较少；相反，因内部动机而阅读的读者则可以开展高层次的信息加工。本章讨论如何强化读写动机时主要以内部动机和外部动机分类为理论基础，将读写看成一种可以调控的外部行为，分阶段地激发起学生动机，而对缺乏动机的学生则采用行为矫正（behavior modification）的方法。

第二节　动机的激发

　　Dörnyei 的动机激发模式将动机激发的准备和实施划分为四个阶段，并给出每一阶段的具体做法，但是该模式没有针对缺乏动机者的建议，所以我们将介绍行为矫正模式，以确认并解决问题行为进而激发动机。为了具体展示行为矫正模式的实施方案，我们将以一个学生的阅读行为矫正个案为例进行说明。

一、动机激发模式

　　Dörnyei 提出的基于过程的动机激发模式包括以下四个阶段 [103] 107-129。

　　1. 创造条件阶段

　　这些基本条件包括合适的教师行为和良好的师生关系、课堂中愉快向上的氛围，以及既有原则又有凝聚力的学习小组。

　　2. 实施前阶段：让学生产生动机

　　这一阶段可以使用以下五类策略来激发学生动机：（1）强化学生持有的与语言相关的价值和态度；（2）提高学生对成功的期待（依据期待-价值理论，如果我们期待成功，我们就能做到最好）;（3）提高学生的"目标导向"（学生理解并接受学习目标）；（4）让教学材料与学生相关；（5）让学生有现实的学习观念（即对学习目标有合理期待）。

　　3. 实施阶段：维持和保护动机

　　在课堂中维持和保护动机的策略包括：（1）使学习有吸引力且好玩；（2）以一种有吸引力的方式呈现任务；（3）为学生设置清晰的目标；（4）保护学生的自尊，提高学生的自信;（5）让学生保持正面的社会形象；（6）给学生提供自主权；（7）让学生掌握自我激励策略。

　　4. 实施后阶段：鼓励积极的自我评价

　　学生对过往成就的归因和评价会影响他们对将来学习任务的实施，在自我评价时，教师可以帮助学生把成功归因于努力而不是能力，提供鼓励的反馈，提高学生的满足感并让学生更客观看待奖励和分数（因为分数让学生注重结果而非过程）。

Dörnyei 提出的动机激发策略模式从时间和条件两个方面对策略激发阶段进行了划分，对每一阶段需要使用的策略都进行了描述，他所描述的模式吸收了不同动机理论中的精华部分。但是，这些策略在很大程度上仍是建议性和指导性的，教师必须注意这些策略并非来自同一个理论框架中，例如这一模式对期待-价值理论和成功归因理论进行了综合使用，所以，教师在使用这一模式时同样需要根据自身的情境和需要进行调整。

二、行为矫正模式

教学中一个常见的问题是一个班级中总有一些学生因为各种原因不愿意学习，他们或许是教师最应该关心的学生。针对这些缺乏动机的学生，教师可以实施行为矫正的方案。行为矫正主要应用内部动机和外部动机理论来转变学生行为，在具体讨论这一方案之前，我们先看一个阅读个案[104]79-80。

大山遇到的第一个英语老师认为阅读教学就是操练和记忆。这位老师经过多年的实践发展了一套奖励和惩罚的系统来抓住学生的注意力，适应她这套方法的学生学会了应该要把发音和词形联系起来，学会了标注长音和短音，把词分为音节，寻找主要意思等。

大山通过不断地重复和为获得高分而学习这两种方式来学习阅读，高分能够让他免受父母和老师的批评。他的家庭也采用了奖励制度，让他明白如果学得好或做得好就可以获得奖励，例如"如果这一页家庭作业能全部答对就可以出去玩"，"每晚把碗盘擦干净就可以得到一个星期的零花钱，就能够买糖和电影票"。于是很快，大山在做每一件事时都会考虑"我能得到什么好处"。

二年级时大山的老师很快就发现他十分依赖这种外部奖励，于是建立了一套奖励系统。只要大山完成了特定的任务，就可以得到各种各样的奖励和"特权"。大山很适应这种环境，感觉良好，他读了很多书、完成了很多作业以获得各种奖励。

在这套动机体系中，大山学得很好，但是他对阅读没有发自内心的欣赏，阅读对他来说仅仅是达到目的的一种手段，而他的目的不是自我满足和自我提高，而是某种具体的奖励。

大山上三年级时一切都改变了，他的新老师对个性化阅读教学充满兴趣。新老师实行自由选择式的阅读计划——自己选择、自己定速、师生协商。这套计划在大山的很多同学身上获得了良好的效果，以前那些缺乏动机的学生因为能够选择自己喜欢的书，便开始读更多的书，阅读理解能力也获得了进步。但是对大山来说这个方法就是一个"灾难"，因为缺乏外部奖励，大山找不到参与阅读的动机。新老师对此表现得非常有耐心，因为她知道有些学生需要更长的时间来适应新方法。但是到圣诞节时，大山仍然没有完整读完一本小书。新老师担心大山不会阅读，特地请了一位特别的阅读教师对大山进行阅读测试，结果显示，大山会阅读，只是他觉得没有必要阅读，因为阅读没有任何回报。

新老师随即制定了一套激励措施来让大山阅读，读一本小书能得2分，读一篇杂志文章或一篇短篇故事得1分，个人的积分可以累加来换取进入"兴趣中心"的时间。新老师在教室的不同位置建立了"兴趣中心"，第一个中心可以玩大富翁和棋类游戏，第二个中心有一些艺术材料，可以让学生借走以完成某个特殊项目，第三个中心有手工、建模等，甚至还有沙鼠和鱼缸，可以满足学生的各种兴趣。

为了得到这些奖励，大山重新开始阅读，但是新老师认为这种短期的方案无法解决让大山为自己阅读的问题，于是在积分奖励计划以外还想了两个新办法：一是让阅读相似题材读物的学生组成兴趣小组，定期进行阅读分享，以鼓励学生进行讨论，并让小组中的其他人对此产生兴趣。二是使用兴趣列表和师生会谈来了解大山的课外时间安排，围绕大山的兴趣设计一些学校活动，这些活动最初以不同方式（如看电影）来探讨不同主题，后期就转向了阅读以及与阅读相关的活动。

激发内部动机最基本的一点是把学校学习和学生的真实生活联系起来。对缺乏阅读动机而不愿阅读的学生，教师可以暂时先使用外在奖励来使学生获得关于阅读的正面经验，然后逐渐激发学生的内部动机，因为内部动机可以自然地从学生的个人兴趣和通过阅读获得的自我满足感中产生。大山愿意通过读书获得外在奖励，但他更需要从内心出发重视阅读。

学生可能对阅读不感兴趣、不愿参与，此时教师需要先努力让学生参与。不同的学生拥有不同的兴趣爱好，在教室里不愿参与阅读的孩子可能在操场上是运动能手，在课外活动中非常活跃。学生在学校科目上缺乏兴趣并不代表他们不善思考或者不爱钻研，如果这些科目能和学生的日常生活和业余兴趣产生关联，对学习的兴趣便会自发而生。回到教育的本源，我们会发现教育原本的目的就是为实际生活服务。

大山的新老师发现他平常喜欢画画，于是就在墙上画上壁画，并配上学生的诗。她还特别请大山在壁画上画上鸟和其他动物。大山担心自己画不好，她就建议他去找关于如何画动物的书。大山找到了一本很有用的参考书，这也许是他人生中第一次为了自己而阅读。老师抓住了这个机会，给大山推荐了其他与艺术有关的书，还建议大山的父母带他上美术馆去寻找介绍展览和活动的小册子以及其他印刷资料，了解有关不同艺术形式、不同艺术家的生活的信息。这些活动为大山开辟了一些愿意阅读的话题，如自传和百科全书。就这样，教师利用大山的个人兴趣成功地激发了他的阅读动机。

在大山的阅读个案中，他的动机起初来自外部，后来动机因外部刺激物的消失而消失，当新的刺激物出现时，大山无法接受。为此，教师为他设计了新的活动性刺激物来转变他的阅读行为和习惯，并让阅读与他的兴趣产生联系，从而使他产生了阅读的内部动机。这种方法就是心理学中的行为矫正，通过使用外部鼓励来消除不良行为，强化良性行为。

一个典型的行为矫正计划包括：（1）确认要矫正的行为。目标是消除不恰当的行为，发展恰当的行为。（2）教师的工作目标通过学生的行为得到描述。（3）教师观察和记录学生行为的等级和发生频率，为后续的进步提供参照。（4）确认和记录目标行为出现的条件。（5）确认和记录目标行为的后果。（6）教师设计干预计划来提高或降低目标行为，说明刺激物（奖励）和收到刺激物的条件。（7）实施计划并保留目标行为的记录[104]81。

在大山这一案例中，行为矫正的目标行为是不阅读，这也是教师努力想使之发生改变的行为，教师想要大山发展的良好行为是基于自身需要而阅读。教师通过评估排除了导致大山不阅读的能力因素，确定目标行为的产生是因为缺乏外部奖励，于是她设计了干预计划来降低目标行为，设计了积分系统和活动性刺激物来鼓励阅读行为，并在活动性刺激物发挥作用的过程中，激发了大山的内部动机，用社会性刺激物（如鼓励、赞扬）和自身的兴趣来维持动机。

当然，大家马上想到的是这种做法在国内现实吗？国内的班级普遍人数较多，有的班达到50~70人，如此个性化的培养计划恐怕难以实行。此例主要是供教师和家长参考，在可能的情况下借鉴实施。随着社会的发展和教育改革的深化，家庭与学校的关系越来越紧密，各个层面的合作也越来越多，家长的参与度也越来越高，他们在学生学习上的帮助和督促作用很大。这在第五章流利阅读一节谈到持续默读时毛古丽老师的实践中得以充分体现。

目前读写教学研究大都从认知角度出发，描述如何激活图式、进行信息处理，但事实上很多学生不理想的读写表现不仅仅是因为认知上的缺陷，而是因为情感上对读写的不认同。我们认为动机因素在读写能力培养中应该得到足够重视，尤其是青少年还没有办法对自己的行为有足够认识和控制时，教师首要的任务是让学生养成良好的阅读习惯和行为，并在学生学习行为出现偏差时及时矫正。在行为矫正的过程中，我们需要注意以下原则。

（1）必须帮助行为需要矫正的个人明白改变的需要，并且最好由个人提出改变需要。例如，学生说："我不想在阅读课上浪费时间。"那么，教师就需要经常确认这个学生的问题并提醒他注意："你每天的阅读任务似乎没有完成，我发现你花很多时间做别的事，例如摆正桌子、削铅笔。我觉得你需要专注于你的阅读任务。你觉得呢？"除非学生提出改变的需要，让教师帮忙制订一个计划来改变自己的行为，并同意执行，否则要改变学生长期不愿阅读的行为是一件很难的事。一旦计划结束以后，不愿意改变的学生很容易回到自己旧的行为模式。

（2）行为的改变是逐渐发生的，一般需要分阶段实现。例如，一个学生从不阅读，教师可以先让他一星期阅读一次，然后逐渐增至一星期阅读两次，最后养成每天阅读的习惯。每当学生成功前进一步，教师都给予鼓励。当然，进步不一定是直线上升的，偶尔会回落，但这是学习过程中的自然现象，教师和家长不必焦虑或批评学生，应仍用正面话语交流，如"没关系，下周你一定会读得比这周多。""这周你读的书有些难，下周找更适合自己读的书，肯定没问题。"坚持如此，学生会慢慢向着最终目标取得稳定的进步，养成良好的阅读习惯。

（3）建立或挑选有意义的奖励。不喜欢或回避阅读的孩子很可能不会为了得到一本书去阅读，有效的奖励在各种情况下都不同，会受到许多因素的影响。例如，糖果、小礼品之类的奖励起初对低年级小学生可能具有激发作用，玩具或游戏道具之类的奖励起初对高年级的学生可能具有激发作用。但是，这也因人而异，对一个学生有刺激的奖励对另外一个学生未必会同样有用，一个教师使用的奖励可能并不适用于另一个教师。总之，外部奖励对学习者的吸引力是十分有限的，从长远来看，这种物质奖励和一般性口头赞扬对于学生的长期发展并无太大作用，因为当学生为外部奖励而阅读或学习时，往往不能持久。我们更应该采用恰当的方式，如持续默读、自由阅读、亲子阅读、交互式阅读等方式来激发学生想阅读的内部动机。

第三节　外语读写动机的激发

激发学生的外语读写动机，我们需要考虑外语学习中的一些实际情况，例如外语在学生的生活中发挥的作用不大，学生的兴趣可能与外语读写没有太大联系，尤其是当他们能够通过母语读写解决兴趣的相关问题时，可能就不会进行外语读写。另外，外部刺激物使用的缺点也很明显，即如果频繁使用，其作用就容易减弱，甚至消失。在这种情况下，外语教师应该如何激发学生的动机呢？在此我们提出三点建议。

一、利用社会性刺激物激发内部动机

社会性刺激物即个人受到的社会认同，是指个体喜欢接受的语言、身体和表情刺激，包括口头的赞美、身体的接触、脸部的表情等，在现实生活中常常简称为"赞美"和"关注"。大量的研究表明，来自教师、家长、配偶、朋友、同事等的赞美和关注，对个体的行为有相当大的强化价值。当学生不愿进行读写活动时，教师应对学生给予足够的关注；当学生表现良好时，教师要及时给予肯定和表扬，例如口头赞扬、轻拍、拥抱、握手等[105] 81。

赞美、关注和受到肯定是人人都需要的。如只使用物质奖励时，学生对物质和学习的认识就会出现偏差，认为学习的目的是获得物质，且物质容易出现"餍足"。如果一个学生已经拥有了十只铅笔，那么他对第十一只铅笔可能就没有兴趣了。相反，赞美和关注强化价值大，不容易出现"餍足"，且具有累加效应，因为在现实生活中，教师无法在学生每做完一件事后就给予赞美，因此这样的强化是间歇性的，可以长期持续使用。

教师在提供社会性刺激物时有非常明显的优势，他们对学生有一种天然的权威，也较容易获得学生的喜爱，学生也愿意为了得到老师的注意和喜爱而努力学习。所以，教师应该表现出对学生的喜爱，了解学生的喜好，善用自己的表扬和肯定，激发学生的读写动机，在学生读写学习进步时给予由衷的赞扬，在学生读写学习停滞不前时给予鼓励，让学生感觉自己是被接受、被尊重的，能够获得教师的认可和关注。当学生对阅读文本进行提问和自由表达，对写作进行大胆尝试时，无论学生的表达是否合理，理解是否正确，教师都应该以正面和宽松的态度给予恰当的赞赏和关注，鼓励学生养成积极思考、勤于动笔的习惯。

二、利用外部奖励激发外部动机

外部动机是与任务本身之外的刺激物相联系的动机，如金钱、惩罚、分数等。外部动机可以用于鼓励学生去进行特定的行为，但如果把外部动机用于形成长期的行为模式，有几点需要注意：（1）由内部动机引发的行为变化可能更加持久，例如，如果孩子读一本书是为了获得一个奖励，那么他就只会为奖励而读书，一旦奖励不在，孩子就会停止读书；（2）外部奖励可以在很多情况下给出，有些外部奖励更有利于促使个人将动机内化并影响长期行为模式。

另外，在外部刺激物的选择上尽量避免使用金钱、物品、惩罚等，因为物质容易使人产生"餍足"，惩罚则容易让人产生消极心理。如果学生愿意学习别的科目而不愿学习英语，教师能够因为其他形式的学习活动而惩罚他吗？答案当然是否定的。在初始阶段，教师可能需要使用其他形式的刺激物来激发外部动机。

（一）奖券

我们观察阅读课堂时，注意到有的教师会采取奖券的方式来鼓励学生多阅读。学生每读完一篇短文或一本绘本并向教师、小组长或同伴讲述所读内容后，可以得到一张奖券，累积至十张便可以获得一本书，这还可以成为教师形成性评价中阅读成绩的依据之一。

（二）活动

学生也可以用获得的奖券来兑现参加相应活动的机会，如大山的阅读个案中教师所设计的活动（游戏、手工、照顾宠物等）。

社会性刺激物和外部刺激物并无优劣之分，教师需要根据学生的特点把二者结合起来使用。例如，当学生年龄较小时，外部刺激物可能更能激发学生的动机。不同的学生对奖励的偏好也会存在差异。在他们眼中，一支铅笔和一块比萨的吸引力可能是不同的，所以为了获得更有吸引力的奖励，学生就会付出相应的努力。当一位不经常表扬学生的老师赞美学生时，学生受到的激励可能大过任何物质奖励。激发学生动机的基础是对学生及其心理有充分的了解。提供外部奖励的目的是引导学生进行阅读并养成良好的阅读习惯，当学生体会到阅读的乐趣后，教师可以逐渐减少外部奖励，重点放在提供优秀的阅读材料以供学生阅读。

三、优化学习情境激发动机

即时的学习活动和学习情境能最直接地激发动机，其作用要大于理想和外部要求。教师可以利用外语读写中有意义的活动和学习情境来激发学生的读写行为。

（一）有意义的读写活动

1. 为学生朗读

为学生朗读是最易实施的活动，因为教师的目的是鼓励阅读。朗读的对象可以是课文，最好是文学作品。听懂外语朗读对低年级学生来说难度可能有点大。教师需要使用朗读以外的手段，如给学生展示文字和图片，朗读前介绍故事内容，朗读过程中以翻译的方式帮助学生理解，朗读完后组织学生进行讨论。中学生拥有更高的外语水平和理解能力，对文学作品的理解更到位，教师实施外语朗读的可能性更大。这时，教师要注意朗读的目的是引导，所以尽量选一些学生平时不太会涉及的故事类型。教师朗读时要把自己对故事的理解通过声音传达给学生，让学生听完后对故事产生兴趣，甚至想自己阅读。朗读的主体除了教师外，也可以是经过培训的学生，或是家长志愿者。当学生看到家长也爱阅读时，就更易领悟到阅读的价值。

2. 看电影—读书—写作

现在电影已经成为人们生活方式的一部分。一部成功的电影往往拥有一个或多个很好的故事，加上电影独特的视听效果，观影者会产生良好的体验和深刻的印象，并在情感上形成共鸣。有些电影故事由畅销书改编而成，有些电影播出成功后再成书出版。教师可以在新电影上映时推荐学生去观看，也可以推荐学生去看些经典电影，然后鼓励学生去读相关的书籍，或者看完电影后回答问题，写下观影体验。有些书也许不如电影精彩，也可能胜过电影，学生以电影为参照进行对比阅读，有助于提高他们的鉴赏能力。经典动画电影如 *Cinderella*、*Mulan*、*How to Train Your Dragon*、*Puss in Boots*、*Toy Story*、*Frozen*、*Zootopia* 等都获得了广泛好评。另外，由经典儿童文学作品改编的电影如 *The Wizard of Oz*、*Harry Potter*、*Charlotte's Web*、*Fantastic Mr Fox*、*Little Princess*、*Charlie and the Chocolate Factory*、*The Chronicles of Narnia* 等都可以推荐学生去观看。

3. 图书广告活动

因为阅读分享的目的是吸引其他学生来读，教师可以让一个小组的学生读完一本书后围绕该书进行广告宣传活动。例如，设计吸引人的封面，写书评来强调书的特色和优点，设计书中角色的衣服并进行展示，准备一段 30~60 秒的广告，模拟采访作者等。这样宣传的直接结果就是使其他学生也迫切想要去读这本书。

4. 阅读成就公开化

教师可以在教室的墙壁上贴上一只毛毛虫的头，毛毛虫的身体由学生补充完整。学生每读完一本书后，在纸上写下自己的名字和书的名字，然后贴在毛毛虫的头后面。每一名学生都要帮助毛毛虫长出身体，纸可以是五颜六色的，这些纸可以一圈又一圈地贴在墙上，组成毛毛虫的身体。教师还可以在教室一个角落开辟阅读分享专栏，展示学生的阅读书单和阅读评论。另外，帮助学生看到自己的进步也非常重要。教师可以设置阅读流畅率表或理解得分表，以便让学生看到自己的努力和付出已经换来了实实在在的进步；设定参照点，并奖励进步的学生，这能帮助进步的学生继续努力以提高阅读技能。这些学生一旦看到自身的进步且有了成就感，就会更愿意坚持努力去尝试。

（二）真实的学习情境

这个方法与大山个案中教师激发内部动机时的使用的方法相呼应。McCombs 和 Whisler 发现："教育者往往认为学生不关心自己学什么，实际上学生非常在意，但是他们没有学到自己需要的东西。"[106]38 Dörnyei 也认为一个使学生失去学习动力的重要原因就是学生看不到自己学的东西有何意义，学习内容与自己的生活似乎没有联系[103][116]。在本国学习外语时，学生往往缺乏外语环境，他们体会学习外语的意义，很难把外语读写与自己的生活联系起来，他们持久的内部动机也就很难被激发出来。例如，学生不用在餐馆中读英语菜单，心仪的书籍也大都有中文译本，查找相关信息时不使用外语也能基本满足需要。在不出国门的情况下，如果要让学生激发起外语读写的动机，外语教师需要创设尽可能真实的情景，让学生在情境中完成任务，在情境中找到外语读写的价值。

在传统课堂上教师可以使用语言、图片、实物等建构情景。例如，教师可以设计这样一个任务：有一批外国游客将要来北京旅游，学生要为这些游客当导游。首先，要找到故宫、天坛、圆明园、前门、长城这些景点的英文介绍，读懂这些介绍并进行改写以便自己顺利完成导游工作。其次，学生还需要把这些景点的小故事介绍给外国游客。如果只能找到相关的中文信息，学生则需要自己动手进行翻译。教师还可以设计这样一个任务：英国 BBC 电视台少儿节目要在班里招聘一批演员、编导、记者、主持人。教师事先把招聘要求发给学生。学生读一读这些招聘要求，确定自己要应聘的职位，然后列出自己的优点和特长，最后写一封求职信说明自己为什么能胜任这一职位。

另外，我们现在生活在一个前所未有的信息时代，教师还可以使用信息技术为学生建立起虚拟的现实。以词汇学习为例，我们都知道在真实的环境中学习词汇是最有效的。在词汇奖金活动中，教师可以用视频建立起一个紧张的奖金问答场景，让学生感觉自己真的身处比赛现场，学生抢答时要有时间限制，可以在屏幕上设计倒计时装置。如果抢答正确，学生可以直观地看到自己奖金数目的增加，甚至听到金币落下的声音；如果抢答错误，学生也会看到自己奖金数额减少，这种视觉和听觉的刺激会让学生热情地投入其中，并在游戏中学习。情境教学中教师的角色从知识的传递者变成了情境的创设者，在信息技术时代外语教师不仅要拥有语言知识，更要能利用多模态的信息资源为自己的教学服务，这部分内容将在最后一章中详细说明。

（三）根据学生的水平设置读写任务

Moskovsky、Alrabai、Paolini 等的研究分析了教师的动机策略对学生外语学习动机的影响[107]，他们复制了 Csizér 和 Dörnyei[108] 及 Cheng 和 Dörnyei[109] 关于动机策略重要性的调查，取得了一致的结果。他们发现教师心中排名第一的动机激发策略就是通过设计不同的学习任务和教学方式来打破课堂常规，这一策略简单来说就是因材施教，教学方法灵活多变。教师在阅读教学中应该对学生的阅读水平有所掌握，设置阅读任务时不能简单地要求所有学生完成同样任务、达到同样水平，而要根据学生水平设计难度不同的任务，例如在写读书报告时，教师可以给读写能力弱一点的学生一张模板，如表 3-1 所示。

表3-1 读书报告

I read the book _____.

It's a (an) _____ story. (adventure, mystery, fiction, love, detective, true...)

The main character (s) is/are _____. (names)

He/She is _____. (personalities)

I like/don't like him/her because _____.

I would/don't suggest you read this book because _____.

读写能力强一点的学生不需要根据模板写，可以自由写作，或对读过的书进行评价，或根据自己的理解为读过的书配上插图。再如，学生分组进行阅读，每个人根据自己的读写能力，选择不同任务，有的学生收集生词，有的学生概括大意，有的学生提供文化背景信息。

（四）项目学习

项目学习（project-based learning，简称为 PBL）是一种以学生为中心的教学方式，要求学生通过一系列个人或合作任务，借助他人（包括教师和学习同伴）的帮助，利用必要的学习资源解决现实中的问题以获得知识和技能[110]。高艳[110] 和王勃然[111] 的研究表明，项目学习对大学生英语学习动机影响效果明显。项目学习模式可以活跃学习环境，激发学生去探索、调查和了解学生所处的真实世界，让他们清楚地认识到学习外语的实际意义。持续较长时间的项目学习让学生有更多的精力和可能去内化学到的知识和技能，而在实现有意义目标的过程之中，教师和同伴的支持与帮助则可能让处于最近发展区的学生获得成长和发展。

项目学习大致可以分为以下六步：（1）项目选定。学生按照各自的兴趣爱好，自由组合成若干学习小组（每组 3~5 人），确定组长人选。各小组从所学教材中或自主选择感兴趣的主题，并确定项目提纲。（为避免学生花太多时间进行选择，教师也可以为学生提供项目选择。）（2）方案制定。各组针对自己的研究主题，设计切实可行的项目方案（包括项目目标、实施步骤、研究方法以及组员分工等）。（3）活动研究。各组组员分头搜集、筛选、加工与主题相关的资源，并对它们进行分类整合，形成小组资料文件夹；通过问卷调查、访谈、实地考察等方式，获取项目研究所需的各类数据和信息，并对它们加以分析和归纳。（4）作品制作。每个组员就各自承担的项目子任务撰写工作报告，待小组讨论后加以修订和完善。然后，每组确定一种或多种展示项目成果的方式（如调查报告、PPT、网页、戏剧表演等），并完成相应制作和演练。（5）成果展示。每个小组用 15~20 分钟的时间向全班同学展示各自的项目成果，并解答其他小组提出的问题。（6）个人总结和评价。作为项目学习的最后一步，每个组员必须上交一份个人总结，内容包括自己在项目中承担的任务及完成情况、个人自评和对项目的反思等。通过多元化的评价方法，教师对各小组的项目学习进行综合评定，确定他们的最终得分。[112]

项目学习需要的不仅是英语语言能力，更需要学生的跨学科知识和对信息的收集和判断能力；另外，项目持续的时间一般比较长，这就为学生长时间就某一问题进行思考提供了机会，对解决问题能力的提高也十分有益。对于青少年英语学习者来说，教师最初可能需要搭建更精细的支架，给予具体的指导，降低项目本身的难度，并对项目执行过程进行持续监控。但是，教师同样要给予学生充分的自主性，让他们自己发现问题、解决问题。一旦学生熟悉了项目实施的流程，将来他们的自主学习能力、语言能力、合作能力都会有所提高。

本章小结

在本章中我们主要讨论了以下内容：（1）动机的定义和分类。外语学习动机有多种定义和分类，从每一种对动机的分类中，我们都可以找到激发学生外语读写动机的元素，教师要做的是因材施教，教学方法多变。（2）动机的激发。教师可以采用 Dörnyei 的一般动机激发模式来激发学生动机，还可以采用行为矫正模式促进不愿学习的学生的学习行为的发生。（3）外语读写动机的激发。教师可以利用社会刺激物激发内部动机，利用外部奖励激发外部动机；在日常外语教学活动中教师可以通过优化学习情境来直接激发读写动机。

在下一章中，我们将讨论读写的基础：词汇。词汇是知识因素中的重要组成部分，我们将从词汇理解和词汇教学两方面讨论如何学习和积累词汇。

第四章　　读写的基础：词汇

　　在读写需要的语言知识中，词汇属于最基础的知识，Wilkins 曾说过，没有语法我们只能表达有限的意思，没有词汇我们什么意思也无法表达[113]111。本章主要讨论如何解释词义，以及如何通过词汇学习活动帮助学生掌握词汇并扩大词汇量。在本书的编排中，与读写有关的语言知识只涉及词汇。Lewis[114]认为构成语言的单位不是语法、功能、意念，或其他的计划和教学单位，而是词汇和词汇组合（words and words combinations）。当我们以词块为单位学习语言时，我们也在学习语法。本章讨论与词汇学习有关的理论和词汇教学活动，共两节：第一节介绍显性词汇教学，第二节介绍泛读中的词汇学习，也就是阅读中的隐性词汇教学。

第一节 显性词汇教学

就词汇教学而言存在着两种观点，有的研究者倾向于显性词汇教学（即在课堂上以词汇为目的进行教学）[115-116]，有的研究者则倾向于隐性词汇教学，即让学生在以内容理解为主要目的的课堂教学活动中附带掌握词汇知识[117-118]。虽然研究表明有 25%~50% 的单词是在随意学习中和有意识的语境推断中积累而得的[119]，但是就词汇本身而言，每一个单词往往包含着多种意义，例如，Richards 认为需要从七个方面来了解一个词，即频率、语域、搭配、形态、含义、多义以及母语中对应的词，要指望学生完全依靠自己的阅读积累来学习词汇、全面掌握词汇意义并不现实[120]。词汇的学习方法其实由学生的语言能力决定。例如，附带的词汇学习和广泛阅读对于年龄较大、能够阅读和理解复杂文本的学生比较有效[30, 121-122]。但是，初级英语学习者和阅读有困难的学生还无法识别出不熟悉的单词及其词义，他们需要的是清晰的词汇教学[123-124]。本节将从词义解释、词块、词汇教学方法、词汇游戏四个方面讨论显性词汇教学。

一、词义解释

Hatch 和 Brown 介绍了词汇教学的五步模式：接触新词—了解词形—了解词义—在记忆中巩固词形和词义—使用词汇[125]374。了解词义处在中间位置，学习者如果能以最符合认知规律的方式了解词义，那么词汇就能更容易进入并保存在记忆中。

在传统的形式语言学中，词汇的意义被认为是任意的，不具备理据性；而基于用法（usage-based）和大脑认知原理的认知语言学在理论上阐释了词义和词语搭配的内在规律，认为语言形式以意义为基础（form is motivated by meaning）[126]。语料库和词源学的研究成果使得词汇理据的课堂解析成为可能。通过解析词汇结构和语义的前因后果，学习者不仅能调动其深层认知加工，加深对目标词语的记忆，还能提高学习兴趣，因为学习过程不再是枯燥乏味的死记硬背，而是与语言知识、百科知识、认知概念系统知识相关的知识网络联系在一起的[127]4。认知语言学认为语言学习包括三个过程：（1）把新形式与已掌握的意义进行配对，（2）理解新形式的新意义，（3）这些新意义有时要求人们从新的视角来看待现实[128]。

我们在进行词汇教学时要注意两个方面：一是基本范畴词汇的学习和掌握，因为它们可能代表了人类认知的共性，这些词以丰富的搭配在日常语言交流中发挥了重要的作用。"学会英语常用的 1000 个词，就能理解一篇规范文字的 80.5% 的内容；学会常用的 2000 词，就能理解 89% 左右的内容；学会常用的 3000 词，就能理解 93% 左右的内容；学会常用的 4000 词，就能理解 95% 左右的内容；学会了 5000 词，就能掌握 97% 左右的内容。"[129]二是在对词汇意义进行解释时，要注意词义的理据，即意义形成的根据。认知语言学是建立在经验主义（experientialism）的基础之上的，它认为词语的意义与人的认知经验密不可分，具体来说，一些关键的认知能力对语言学习产生作用：对比（comparison）、范畴化（categorization）、寻找共同模式（pattern finding）和合成（blending），这些认知能力对语言的各个方面和认知的其他方面产生作用[127]2。另外，认知语言学的根本观点是词汇或结构具有中心意义，当新词和短语进入语言时，它们作为实词（content words）而存在，有具体的词汇意义；在语法化的过程中，有些词和短语慢慢地变成了功能词（function words），获得了更加图式性的、语法上的意义，这些意义与原有的词汇意义不同但有联系。例如，be going to 在英语中的原义是行动和旅行[127]3，但是这个词组慢慢地获得了更加通用的语法意义，即表示将来的动作。

认知语言学中与语言学习高度相关的概念是：识解（construal）、范畴化（categorization）、百科知识（encyclopedic knowledge）、隐喻（metaphor）、转喻（metonymy）、体验（embodiment）、理据（motivation）、构式语法（construction grammar）[127]4-11，这些概念都能够帮助解释词汇意义。

（一）识解

识解是指我们在描述特定的现象时，永远不能做到中立和客观，因为我们总是通过自己的视角来观察和描写世界，我们描述的语言反映了我们观察世界的方式。例如 drive across France 和 drive through France 这两个短语描述了同一个事件，使用 across 时我们的焦点在于旅程的长度和终点，使用 through 时我们的焦点在于这个国家和驾车穿过这个国家的经验。

（二）范畴化

"范畴化"这一概念涉及为事物分类的过程，特别是不同语言因为识解角度的不同，分类的方式也不一样。一般来说，一个范畴中存在最能代表该范畴的原型词汇，该范畴中的词汇以辐射方式展开，范畴的边界也比较模糊。例如，对大多数英国人来说，最典型的可以吃的鱼可能是鳕鱼（cod），但是对西班牙人来说可能是无须鳕（hake）或沙丁鱼（sardine）。另外，范畴化不仅作用于名词，也作用于其他词性，例如 perfection 一词来源于动词 perfect，它本身就具有动作的含义，在 "Madame Clicquot is credited with the perfection of this technique." 这一句中，我们将 perfection 与 technique 的关系理解为动作 + 对象，perfection 以名词的形式表示了动词的意义，那么 perfection 就可以视为非典型性动词。

（三）百科知识

百科知识是指我们对词汇的理解不仅包括词汇的基本意义，还包括我们所具有的与词汇相关的所有含义，并且词汇的意义随着我们经验的改变而不同。例如 spinster 不仅指"未婚女性"，可能还有"年纪大、无人青睐"的意味，有些人可能还将其与怪异的行为联系在一起，如养有一大群猫。近年来，该词的词义又有改变，带有像 bachelor 一词的"自由、独立"的含义。

（四）隐喻和转喻

隐喻和转喻是人类思维的主要特征，简单来说，隐喻包含着相似和替代的关系，转喻包含着相近的关系。例如，将爱人比作红玫瑰就是隐喻，而用白宫来表示美国政府就是转喻。隐喻和转喻与语言交织在一起，很多时候人们在使用时并没有意识到它们的存在。以概念隐喻为例，我们把时间上的移动与空间上的移动联系起来，就产生了 looking back、moving on 等表达；把时间与金钱联系起来，就产生了 spending time、 worth your time 等表达。概念隐喻帮助我们产生和理解抽象概念，掌握语言中的隐喻和转喻表达机制能帮助我们更有效率地掌握词义。

（五）体验

体验是指通过把抽象概念与身体经验联系起来以获得对抽象概念的理解。理解与思考这两个抽象动作经常用"看"来表示，例如"I see what you mean."。体验的方式与隐喻类似，都是将认识抽象概念的方式延伸到身体上。另外，利用体验的方式来学习语言的方法还有全身反应法（total physical response，简称 TPR），即用动作的方式把词汇表演出来以加深理解。

（六）理据

理据是指语言的形式和结构的非任意性。语言的很多方面都可以用日常经验来解释，例如学生可能非常容易记住 nitty gritty、safe and sound 这样押韵的表达。这些表达由于形式上的显著性而容易学习，这属于形式-形式关联。形式和意义之间也存在关联，有时可以直接从词汇的发音猜到它的意思，例如 a lump of clay；而多义词各义项间的意义也是有关联的，也就是意义-意义关联。例如，在 head of a tiger（老虎的头）、the head of a walking stick（手杖头）、the head of a river（河流源头）、head of stairs（楼梯顶端）、head of a state（首脑，首长）这些表达中，head 从中心意义"动物的头部"演变到物体的"头状部分"，进而表示空间处所关系、更具普遍意义的空间词语和抽象意义的"头"[129]。

（七）构式语法

构式语法是指倾向于同现的词会形成"构式"，构式有自己的意义，这些意义与日常经验相联系。下列三个句子都含有"使动"（caused motion）的意义，但是并没有包含完全相同的单词。

（1）He called me names and pushed me into the wall.
　　他不停地骂我并把我往墙上推。

（2）His own mother backed him into a corner.
　　他自己的妈妈把他逼得走投无路。

（3）They laughed him out of the door.
　　因为他们的嘲笑，他离开了。

这三个句子拥有共同的"使动"构式。构式与范畴一样，其成员呈辐射状。例如在上述三个句子中，push 比 laugh 更能产生使动的效果。在母语习得过程中，我们通过识别意图和寻找模式来获得构式知识；在外语学习中，我们无法像学习母语那样接触到外语，但是可以使用构式来充分地解释语义，教师需要以明确和显性方式来总结构式，并指导学生掌握构式的意义。其他的英语构式还有：away 构式（Sam slept the whole trip away.），need 句构式（My house needs painting.），协变条件构式（The more chips you eat, the more you want.）[130]。

认知语言学的发展为解释词义提供了一种更直接的方式。当我们能通过隐喻、转喻等认知方式理解英语的词义时，我们在某种程度上就获得了一种新的观察视角，并有可能获得一种新的思维方式。

二、词块

另一个与词汇学习密切相关的观点就是 Lewis[114] 提出的词汇学习法（lexical approach），他认为语言由语法化的词汇而不是由词汇化的语法构成，这样的词汇和词汇组合就是我们所说的词块（chunk）。这种认为词汇和语法没有截然的分界的观点跟构式语法理论的主张一致[131]。我们在日常生活中之所以能够顺利交流，就是因为我们使用了大量这种预制词块[114]。另外，心理词汇的研究也认为，大脑在储存词汇时，并不是将词汇一个个地储存，使用时再一个个提取出来；大脑以冗余（redundant）的方式储存词汇，即不同词汇在储存时可能会有重复的部分，词汇以网络的方式储存，在提取时以词汇组合的方式整体提取[132]。

值得我们注意的词块有三类。第一类是搭配（collocation），它指某些词在自然语篇中会共同出现，例如 white coffee。但是，词汇共现的程度有强有弱，例如 auspicious（有希望的，有利的）一词仅仅只跟 occasion、moment、event 等词同现，而 circuit 一词则能与很多词搭配，例如 short circuit（短路）、closed circuit（闭路）、racing circuit（赛车环道）等，以及 circuit training（循环训练）、circuit breaker（断路开关）等。因为"词的意义从与它结伴同现的词中体现"[133]12，搭配"为新词汇的组织和语言教学提供了最强大的组织原则"[134]119。熟悉搭配可以成功地预测相邻的词语是什么,从而节约认知处理投入程度,提高理解效率。写作中搭配的正确使用有助于提高写作速度和准确性。

传统语言教学倾向于以聚合/垂直方式组织词汇,例如：

In my free time I really love to	watch TV.
	read books.
	go swimming.

但是,搭配关注的是组合。掌握一个单词很重要的一点就是看是否了解该单词的搭配范围,如 book 经常与哪些形容词和动词搭配使用。在收集这样的搭配时并非越多越好,Lewis 建议一般五个就可以,如果太多就会给学生带来学习困难,收集搭配的目的是让学生了解词汇出现的语境,即词汇的语法组织。

第二类是固定表达(fixed expression), 如 surf the web、fall in love 等, 这些表达不会出现变化。第三类是半固定表达(semi-fixed expression)。半固定表达比固定表达更加常见, 包括一些或长或短的习语, 它们或是几乎固定或几乎自由的, 例如"Could you pass...please? ""That's not...as you think.", 而像"It's the tip of the iceberg."这样的习语看起来是固定的, 但因为经常用作产生新的表达的框架, 因此也属于半固定表达的范围。我们在说话和写作时, 经常会使用预先制作好的多词单位(pre-fabricated multi-word items)[134]11, 这样就能大大节约我们在语言产出时需要的认知资源, 使我们能够流畅地说和写。

如果说认知语言学为我们理解词义提供了方向,那么词块就为我们扩充了词汇本身的定义。了解词汇意义之后,我们还需要对词汇进行巩固和使用,使用传统词典或电子词典都能帮助我们发现并整理搭配。另外,语料库也是非常适合学习词块、巩固词汇的工具。语料库从本质上来说就是通过对自然语言运用的随机抽样、以一定大小的语言样本代表某一研究中所确定的语言运用总体[135]333,通过大型语料库抽样得出的批量语言实例或通过语料库定位索引呈现出某一搜索词的语法的、意义的、语用的共现语境，能够表示出这一词语的使用方式和准确意义[136]。具体来说，教师可以引导学生使用 Wordsmith Tools、MicroConcord 等词汇检索软件对已有文本进行分析，或是使用在线英语语料库输入搜索词进行搜索，搜索词左右显示的词汇构成了该词的微型语境，词块就出现在这样的微型语境中。在该语境中，学习者通过观察可以验证并修正自己对词汇使用的假设。如果教师接着设计其他任务让学生使用词汇，那么学生就可能会掌握该词汇[137]133-141。

三、词汇教学方法

除了从认知出发来解释词义外，英语的词缀和韵脚也可以帮助学习者了解词形、词义并巩固词汇，教师可以充分利用这些资源进行词汇教学。此外，教师还可以使用结构关系图、可视化等方式和各种游戏形式来帮助学生掌握词义和词汇之间的联系。

（一）利用词根和词缀

教师可以利用词根和词缀来讲解词汇的形成，布朗和卡兹顿指出，大约 30 个词根、前缀和后缀构成了逾 1.4 万个常用的英语词汇[138]68-69：

（1）ab-（离开）；

（2）ad-（向……，朝……）；

（3）co-、con-、com-、col-、cor-（一起，与）；

（4）de-（离开，向下，往外）；

（5）dis-（不，相反）；

（6）ex-（往外，前面的）；

（7）in-、im-、il-、ir-（在……里面，不）；

（8）pre-（在……之前）；

（9）pro-（向前，超……前）；

（10）re-（向后，再次）；

（11）un-（不，相反）；

（12）able-（有能力，值得）；

（13）-ance、-ence、-ancy、-ency（做的状态，事实，质量）；

（14）-er、-or（行为者，作用物）；

（15）-ful（充满……）；

（16）-less（没有，避免）；

（17）-ly（像……的特点）；

（18）-ment（……的状态，性质）；

（19）-tion，-sion，-xion（行为，状态，结果）；

（20）phon-（声音，话语）；

（21）tele-（距离）；

（22）meter-（数量，范围）；

（23）cap-（抓住，取，包含）；

（24）audio-（听）；

（25）vid-，vis-（看见，看到）；

（26）spect-（观看，观察）；

（27）inter-（在……之间，相互之间）；

（28）sub-（在……下面）；

（29）mis-（差错，错误）；

（30）trans-（跨越，超越）；

另外，还有一些拉丁语和希腊语词根可以帮助学生破解单词的意义：

（1）aud-（听到）；

（2）dict-（说，讲）；

（3）min-（小）；

（4）mit-，mis-（发，送）；

（5）ped-（脚）；

（6）port-（运送）；

（7）-scrib，-script（写）；

（8）struct-（建造，形成）；

（9）astro-（星星）；

（10）bio-（生命）；

（11）geo-（土地）。

教师在介绍词根和词缀后，可以给学生展示一些包含这些词根和词缀的单词，让学生化身词汇侦探，开展小组竞赛，侦查出这些单词的意思，或是在新学的课文中找出包含这些词根和词缀的单词，哪个小组侦查或找出的单词最多，哪个小组就获胜。

（二）利用韵脚

英语属于拼音语言，语音意识在英语词汇拼读中的作用非常重要，辨认和使用韵脚是语音意识的一部分，学习同韵脚的单词会更为省力。

在英语中有 37 个音素组合是构成近 5000 个单词的基础部分[138]22，必须掌握以下韵脚：

-ack、-ain、-ake、-ale、-all、-ame、-an、-ank、-ap、-ash、-at、
-ate、-aw、-ay、-eat、-ell、-est、-ice、-ick、-ide、-ight、-ill、-in、-ine、
-ing、-ink、-ip、-it、-ock、-oke、-op、-or、-ore、-uck、-ug、-ump、-unk、

其他可供教学的韵脚有 -ab、-ace、-ade、-ail、-eam、-ent、-ew、-it、
-ob、-oc、-old、-ot 和 -ub。这 50 个韵脚一起组成了英语中最常见的结构。心理语言学的研究表明，词汇连接的重要方式之一是语音连接，以韵脚为基础来扩充词汇无疑会加强词汇之间的语音连接，形成词汇网络。每次介绍同韵脚单词时，让学生列出他们能想到的所有同韵脚的单词。为了方便学生，教师可以在教室墙上的单词栏中列出相关单词的韵脚，一旦发现适合同类结构的单词时教师就及时添加进去。学生看到的同韵脚的单词越多，就越能形象化地认识构词规律和拼写规则。每学习一个同韵词，教师就要求学生负责解释清楚所有出现在阅读中包含这个韵脚的单词。

（三）根据韵脚绘制单词结构图

教师向学生介绍"-at"这个韵脚，可以把该韵脚放在图表的中心位置，让学生即兴说出含有这个韵脚的单词，并把这些单词围绕着该韵脚添到图上，如 fat、cat、mat、pat 等；然后，教师让学生讨论这些单词的意思，并在每个单词外围画一个小圆圈，把相应的意思写在小圆圈内，再用线将单词和小圆圈连起来。学生完成结构图后，教师再让他们把这些单词结构图变成墙画，在教室里长期展示这些单词。在学生完成所有任务后，教师让他们把图表里的单词记到自己的词汇笔记中去。

（四）设计计时韵脚游戏

教师给出一个常见的韵脚如 -ale，学生每三人或四人组成一组，每个小组在一定时间内说出他们能想到的所有包含该韵脚的单词，然后写

在一张纸上。其间,学生不允许翻书查字典,但可以参考墙上的单词海报。当教师宣布时间到了,学生上台展示纸上的单词,每个小组派一个代表在黑板上写出各小组在纸上列出的单词。一个单词一分,没有意义的单词不计分。当出现疑问时,手持词典的老师是最终的裁判。

教师也可以给学生一篇文章或者一张报纸,让学生在规定的时间内找出含有某韵脚的单词,规定时间内找到最多单词的小组获胜。学生可以把单词记在纸板上做成拼贴画,张贴在自己的卧室里作为装饰。

(五)设计拆分单词游戏

学生掌握一些词缀、词根和韵脚后,就可以以小组为单位开展活动。教师给学生提供一些单词,让学生找出这些词的前缀、后缀、词根和韵脚,学生可以用不同颜色的荧光笔在单词上进行标注,每成功标注一个单词得一分。

(六)标记生词猜测词义

在阅读的过程中,学生可能会遇上一些生词,教师可以让学生用荧光笔把这些单词都标记下来,然后让学生根据该单词的上下文语境或者单词的构成方法猜测这个词的意思;教师可以让学生把自己猜测词义的方法口头总结出来与其他同学共享,然后让学生查字典找出该单词的意思,看看自己猜测的词义与词典上的词义有多大差别,并试着总结一下哪些猜测词义的方法是更有效的。

(七)单词意义可视化

有些单词表示形象化的意义,例如 tall、short、fat、thin,教师可以用拉高的字母来表示 tall,用压扁的字母表示 short,用加粗加大的字母表示 fat,用纤细的字母表示 thin。学习颜色、植物、动物等具体物体的单词时,没有什么比直观展示更好的方法了。

(八)绘制结构关系图

结构关系图是让词汇意义和关系可视化的有效方式,运用结构关系图可以呈现单词的义项。例如围绕着 rise 一词,可以在它周围写上"上升、长高、(日月星星从地平线上)出现、站起、增加"等义项,每个义项旁边配上一个短语或例句加以说明,还可以在义项旁边画上小圈,写上该义项对应的近义词或反义词。

（九）绘制单词联系图表

教师让学生制作展示单词谱系或者近义词组的图表或板报，并设计结构关系图来表明各单词之间的相互关系以及各单词与其近义词的联系。如图 4-1 所示，将单词 smile 放在中间，那么它周围的单词就应该按笑的方式与幅度来排列，如 snicker（窃笑）、chuckle（轻声笑）、giggle（咯咯笑）、grin（咧嘴笑）、snort（高声大笑）等。

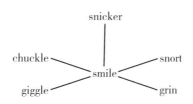

图 4-1　单词 smile 的联系图

教师还可以把一个多义词放在中间，各种不同的语义在外围排开。同样，图表中间可以写上一个单词如 beautiful，周围写出 beautiful 的同义词，同义词旁边还可以写上对应的反义词。图表中的单词由某些共同点连接，可以是语音的共同点，也可以是语义的共同点。通过单词联系图的直观展示，学生能更清楚地看到处理词汇的方法。

四、词汇游戏

教师还可以设计游戏活动来帮助学生巩固词汇，增加词汇学习的趣味性。在选择游戏时，教师应该注意：（1）游戏应该简单，无须教师干预学生也能完成；（2）词汇应该适合学生水平；（3）游戏要引导学生以有意义的方式使用词汇；（4）游戏应使用外部资源（如词典、笔记本）来帮助学生进行自我检查；（5）游戏应保证所有参与者都能参与活动[139]174。以下介绍的词汇游戏主要是为单词使用提供有意义的环境，通过多种方法加工词汇来提高学生的词汇水平。

（一）字谜游戏

教师提示学生从他们的常用单词表、词语墙报或单词收集报告栏上找出一个单词。教师提供一些线索，如"我想到的这个单词有 5 个字母"，"这个单词以辅音开头"。在每个提示之后，教师要求学生在纸上写下自己的猜测并且把纸举起来给教师看。如果在第一个提示后猜中单词，猜中者可得 5 分；如果在第二个提示后猜中单词，猜中者可得 4 分；如果在第三个提示后猜中，猜中者可得 3 分。以此类推，在五个提示全部给出后还没有学生猜中的话，教师则要公布被猜的单词，接着继续下一轮猜词游戏。

（二）描述单词

一名学生面向全班学生，教师在该生身后展示一个单词，其他学生用各种描述性的语言来提示该生，但不许提及与该单词本身有关的信息，否则视为违规。描述的单词可以是当堂课刚学的或是在上一次课上学到的。例如 strawberry，学生对它的表述可能包括 fruit、red、spot、soft、sweet、small 等单词。读写能力弱的学习者可以使用单词来描述，读写能力强的学习者尽量使用句子。

（三）表演单词

教师给学生一个单词，让他把该单词的意思在同学面前表演出来，他必须充分利用自己的肢体语言让其他学生理解自己的意思。例如表演computer 这个单词，学生可以表演开机的动作，并做出看屏幕敲键盘的动作。当其他学生看明白了并能准确说出该词时，他们对该词的理解也就更为深刻了。

（四）虚拟奖金游戏

教师利用电脑设计一个虚拟奖金游戏，如表 4-1 所示，每一栏对应着不同的奖金数额，可以是 1000、800、500、300、100 元。奖金数额越高，表格链接的单词题越难；奖金数额越低，表格链接的单词越简单。学生被分成五个小组，每个小组依次选择奖金数额并答题，若回答正确则获得相应奖金，回答错误则没有奖金，最后以各组奖金的总数判断胜负。

表4-1　虚拟奖金游戏表

1000 元	1000 元	1000 元	1000 元	1000 元
800 元	800 元	800 元	800 元	800 元
500 元	500 元	500 元	500 元	500 元
300 元	300 元	300 元	300 元	300 元
100 元	100 元	100 元	100 元	100 元

教师拟订词汇题时应根据学生平时的学习情况来判断所选词汇的难

度，也可以向学生征集一些有创意的题目。这个游戏既刺激又吸引人，充分抓住了学生爱冒险的特点，激起了学生的好奇心，学生自己拟订词汇题时也能更深刻地理解词汇。

（五）纸牌游戏

纸牌游戏以配对为原则，一张纸牌上是词汇，另一张配对的纸牌上是该词的词义、同义词、反义词、定义、需要完型的句子或表示该词意义的图片等。教师可以让学生自己制作40张纸牌，将最近一周所学的成对的近义词、反义词或新词及其意思写在纸牌上。纸牌打散之后，每个玩家拿到5张，玩家轮流出牌，第一个把所有牌配对成功的玩家胜出。在纸牌游戏中，玩家必须要读出他们配对牌上的单词。如果一个玩家（挑战者）不同意另一玩家（被挑战者）的配对可以提出异议，这时玩家可以用词典来解决争议。如果挑战者是对的，那么他可以多出一轮牌；如果挑战者是错的，那么被挑战者多出一轮牌。

（六）记忆游戏

记忆游戏也需用到纸牌，最多准备25张纸牌，12张词汇牌，12张配对牌（同义词或反义词），1张干扰牌。所有牌都被打散后倒扣在桌上，每排放5张，一共放5排。学生每次可以翻两张牌，如果这两张牌是一对，学生就可以收走这两张牌；如果这两张牌不是一对，学生就要把两张牌放回原处。学生轮流翻牌，直到最后只剩一张干扰牌，如果学生能说出干扰牌的同义词或词义就能收走干扰牌，得牌最多的学生获胜。

（七）纸笔游戏

学生在纸上画出表格，读写能力弱的学生画2×2表格，读写能力强的可以画5×5表格。表格画好后，在每一行的开头列出一个单词，在每一列指定一个类别，例如同义词、反义词、相关的词或例句。学生每填一个空格得5分，在别人已经填过的格内再填词得1分（见表4-2）。

表4-2 纸笔游戏表格

Word	Synonym (similar)	Antonym (different)	Related
able	capable	unable	ability

（八）黑板宾果游戏

教师把要复习的 10~15 个单词写在黑板上，让学生任选 5 个抄下来。教师任意朗读黑板上的单词，学生每听到一个自己抄下来的单词就可以划掉一个。当他们把 5 个单词都划掉后，就大喊"bingo"来告诉教师。同时，教师要记录下自己朗读过的单词以检查学生是否确实听到了抄下的单词。如果要增大游戏的难度，教师可以说出单词的词义，学生则要听懂后将单词的词义与单词本身联系起来。

（九）纵横字谜

教师让一个学生在黑板中间写一个不超过 5 个字母的单词，例如 melon，字母应分开书写，字迹要清楚。接着，教师想出一个与黑板上单词（即 melon）有一个相同字母的词，并给学生以提示，例如"I like reading them."。如果有学生猜出了 books 这个单词，他必须纵向书写该词，使其与第一个单词 melon 共用一个字母。学生接着想出一个横向与 books 共用一个字母的单词或纵向与 melon 共用一个字母的单词，该生应给班上其他学生一个提示，如字母数量或第一个字母等（见图 4-2）。学生依次增加横向与纵向的单词以扩大字谜的规模，看看五分钟内，全班学生能想出多少词[35]17。

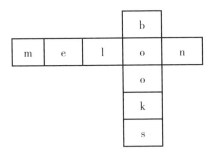

图 4-2 字谜图

（十）最喜爱的单词

教师在黑板上写下一个自己最喜欢的单词，告诉全班学生这是自己最喜欢的单词之一并解释原因，例如想起了好朋友、一个地点等。如果教师觉得学生需要更多的例子及喜爱它们的原因，可以在黑板上多写一两个单词；然后让学生写出他们最喜欢的单词，并向邻座的学生解释喜欢它们的原因；还可以请一些学生把自己最喜欢的词写在黑板上，并向全班解释原因。这个活动的主题可以是"谈论最喜欢的单词"[141] 32。

（十一）记忆新词

教师将黑板分成两个区域。在左边写出要求学生掌握的刚刚学过的单词，然后让每个学生从中挑一个单词，并说出由这个单词想到的另一个单词，并将这个联想到的单词写在右边的黑板上，接着将黑板左边新学的单词擦掉。以此类推，直到将所有的新学的词都用联想到的词代替。这时，教师再让学生说出每一个联想到的单词和哪个新单词有联系，再将新单词写在黑板上，将联想到的单词擦去[138] 66。

第二节 阅读中的隐性词汇教学

泛读主要指广泛的阅读，是一种以意义为中心的语言输入方式，即在阅读过程中，读者不必太关注语言形式，泛读课的主要活动应该是学生读。大量研究表明泛读能带来语言能力的提高，但是提高的前提是大量时间和精力的投入[140]180。Nation 和 Wang 建议如果学习者想要掌握英语中的高频词汇，那么学习者需要每一周或每两周读一本分级读物[142]。为了激励学生多读，教师可以使用一些技巧，例如填阅读表、写书评、进行口头读书汇报、分组讨论、评选最佳图书和最佳读者等[139]184-185。在泛读过程中，为保证学生能学到词汇，教师可以指导学生通过说和写的方式来加工词汇。以下的词汇活动来自 Bamford 和 Day[143]185-196 书中所介绍的泛读活动。

一、一天一词

教师首先做出示范：从阅读材料中找出一个单词写在卡片的正面，然后通过查词典把该单词的词义和例句写在卡片的背面。作为家庭作业，学生每天选择一个他们在阅读中遇到的、需要掌握的单词记在卡片上，正面是单词，背面是词义和例句。学生每周互相交换单词卡片进行互测，一个学生读出单词，另一个学生则需要说出单词的词义及其在句子中的用法。

学生可以用自己理解的方式给单词标上发音，例如用国际音标和汉语拼音，也可以用图画等方式对单词的词义和例句进行注解。起初，学生用所有的单词卡片来进行互测；一段时间后，当单词卡片的数量不断增加，教师就要限制单词卡片的数量和互测的时间。随着单词卡片不断增多，学生还可以把已经掌握的单词卡片放在下面或干脆拿出去，把还需要学习的单词卡片放在上面，重点测验尚未掌握的单词。

教师可以每隔一段时间进行抽查，例如可从学生的单词卡片中抽出 10 张，让学生看一眼卡片上的单词后把该单词的词义和例句都写在一张纸上，最后教师收回纸检查。

二、词汇日志

教师可指导学生通过记词汇日志来增加单词的积累。学生读完一章或是词汇较少的一本书后，选择 5～10 个不熟悉的词或短语记在词汇日志上，并要记下它们的出处（即来自哪本书的哪一页），写出它们的词义和同义词、它们出现的句子以及其他有关的信息。教师要求学生经常把词汇日志带来学校以备检查。词汇日志的格式可以参考表 4-3。

表4-3　词汇日志表

Vocabulary Log		
word	page	interpretation and sentence

三、小组讨论词汇

当教师判断学生积累的词汇已足够进行交流，可以让学生分小组展现自己积累的词汇，他们可以使用单词卡片或词汇日志来汇报单词的词义、近义词、反义词等信息，还要汇报该单词在阅读中出现的语境。学生不用汇报所有的单词，只需要汇报他们觉得有趣的、新奇的、值得学习的单词就可以。当学生以便于理解的语言把单词介绍给其他学生时，他们实际上对这些单词进行了一次加工。这种典型的合作学习形式不但能帮助学生积累词汇，而且能帮助他们内化词汇。

四、个性化词汇测试

教师把词汇测试问题类型发给学生，与学生讨论如何设计一个好的词汇测试，在必要的时候使用词典。每周或每隔一周学生根据单词卡片和词汇日志积累的词汇制作一份词汇测试卷，测试前三四天把自己设计的试卷交给老师检查。测试时，每个学生用自己设计的试卷测试；测试结束后，教师收回试卷进行评分并发回给学生。如果学生阅读的书籍相同，那么该试卷还可以用于同学互测。学生设计试卷前，教师要规定问题数量的最大值和最小值。学生刚开始可能不会设计自己的试卷，教师要给予帮助。教师注意必须要收回学生的试卷以了解学生词汇学习的进步,对较难的词汇再进一步加工。这种词汇测试还可以以邮件的方式进行，学生设计好试卷后发给教师，教师对试卷进行调整后发给学生，学生完成试卷后再发给教师检查。这样的形式完全不会占据课堂时间，还可以培养学生为自己负责的意识。

词汇测试卷可以包括以下几种问题类型。

1. Multiple choice（选择题）

(   ) Sparkled means _____.

A. glistened   B. broke apart   C. paled   D. simmered

2. Sentence completion（补充句子）

I was very disappointed because _____.

3. Opposites（反义词）

The opposite of mobile is _____

4. Examples（举例）

Some kinds of furniture are _____

5. Superordinates（上位词）

Dogs，cats，and horses are _____

6. Definitions（定义）

Poisonous means _____

7. Translations（翻译）

Divorce is _____ in Chinese.（Divorce 在中文里是什么意思。）

五、收集搭配

搭配属于词块的一种，我们在前面已经讨论过词块学习的重要性。教师向学生介绍搭配的概念，从阅读材料中找出搭配的例子加以说明，然后教师给学生发放一些短小的语篇让学生找出搭配的例子。教师也可布置家庭作业，让学生从阅读的书中选出自己最喜欢的搭配和同学分享，说说自己喜欢的原因。教师可以建一个搭配公告板或在教室墙上划定一块区域展示搭配，让学生把自己最喜欢的搭配贴上去。

教师可以向学生介绍搭配的特征，指出搭配是经常共现的词语，如 "The meat is lean."，而不是 "The meat is thin."，又如 strong tea 而不是 powerful tea。

教师在举例时要指出有些单词可以与很多词搭配，如 deliver a journey、deliver a diary、deliver a pet、deliver a job、deliver the newspaper、deliver babies（接生）、deliver the mail（送信）。

六、寻找习语

习语同样属于词块。教师需要介绍习语的特征：习语包含的并不是字面意思，也不是单词意思的综合；习语的意义具有任意性；习语通常是固定的表达，一般不能更改。例如，kick the bucket（自杀）不能改写成 kick the buckets 或者 "The bucket was kicked."，但是 let the cat out of the bag（泄露秘密）可以变成被动式 "The cat was let out of the bag."。有些习语则完全不能改变，如 storm in a teacup（小题大做）。

教师向学生介绍了习语后可从阅读材料中找出习语例子，并且向学生发放短小的包含习语的篇章，要求学生独自或者以小组为单位找出篇章中包含的习语。这可以作为家庭作业，让学生从阅读的资料中选出自己最喜欢的习语，带到课堂上和同学一起分享，并解释喜欢这些习语的原因。教师还可以设立一块习语公告牌，或在教室墙上划出一块区域来展示习语。学生可以把自己最喜欢的习语贴上去供全班学生朗读和学习，也可以把表示相同含义的母语中的习语写在旁边。

以下是一些习语的例子：

（1）I am so hungry that I could eat a horse（非常饿）.

（2）It's raining cats and dogs（倾盆大雨）.

（3）Don't spill the beans（露馅儿）.

（4）We don't often see eye to eye（意见一致）.

（5）She left him high and dry（孤立无援）.

（6）Do you <u>have a sweet tooth</u>（爱吃甜食）？

（7）I have to handle my students <u>with kid gloves</u>（小心地）.

（8）When my teacher is angry, I have to <u>walk on eggs</u>（小心翼翼）.

本章小结

本章我们讨论了以下内容:(1)词义的理解。词义的形成是有理据的，我们可以以更接近自身经验的方式理解词义。词块是词汇学习的基本单位。(2)词汇教学。词汇教学应该以显性的方式进行，同时，教师也要指导学生在泛读中进行隐性的词汇学习。教师还可以利用各种词汇活动来帮助学生对词汇进行加工。

学生掌握一定量的英语词汇之后是否就能进行阅读理解和写作？语言学习的经验告诉我们并非如此，词汇的掌握与运用之间还有一段距离，教师还需要有意识地教会学生如何在自动、准确地识别词汇、掌握词汇后进行阅读、获得理解，并进行写作。下一章中，我们将介绍如何进行流利阅读和流利写作。

第五章　流利读写

通过前四章的讨论，我们了解了外语读写起始阶段需要具备的知识和能力，读写的本质和模式，激发学生学习读写动机的方法，以及学习并积累读写需要的词汇的方法。这些都是读写能力培养的基础认识，下一阶段就需要发展流利性。本章讨论如何推动流利读写，分为两节：第一节详细讨论流利阅读的定义及其培养方法，第二节讨论流利写作的定义及其培养方法。

第一节　流利阅读

流利阅读（reading fluency）是成功阅读者所必需的能力，本节从朗读和默读两方面介绍如何促进流利阅读。

一、流利阅读的定义

阅读包含两个互相联系的过程：词汇识别和理解。词汇识别对流利阅读来说是必要不充分条件。读者必须要能根据识别的词汇建构意义才能流利阅读，熟练的读者能够同时完成识别词汇和建构意义这两个任务。一旦学生能相对容易地识别词汇，他们就需要发展阅读的流利性[30]1-2。流利性的发展还需要口语的发展和对书本的频繁接触，学生读得越多，他们就能够获得更多的词汇和百科知识，也就能更加流畅地阅读[144]。

阅读包括朗读和默读，对流利阅读进行定义时侧重点不同，定义也会有很大差异。有的定义强调默读的流利性，如《读写素养字典》（*The Literacy Dictionary*）[145]把流利阅读定义为没有词汇识别障碍，默读迅速，理解顺利；Meyer 将流利阅读定义为快速、流畅、轻松、自动阅读文本、无须有意识进行解码的能力[146]。有的定义强调朗读流利性，强调能让朗读具有表现力的口语特征，如重音、音高、适当的断句[147]，例如全美阅读专家组将阅读流利性定义为快速准确并以恰当的表达方式（proper expression）朗读文本的能力[30]3-1。Armbruster 的定义包括了默读和朗读两种情况，将流利阅读定义为准确快速阅读文本的能力，当流利的读者默读时，他们能自动识别词汇，能把词汇迅速分组以帮助他们从中获取意义；流利的读者在朗读时毫不费力且具有表现力，他们的朗读听上去很自然，就如他们在说话一样[148]。

流利性的发展是从学习阅读（learn to read）到利用阅读来学习（learning by reading）的过渡期，在英语母语国家中处在小学二到三年级阶段[149]。在这个过渡阶段，流利性的发展对将来阅读的进步非常关键[150]。在外语国家，流利性的发展虽没有准确的起始时间，但是必须进行的。

一般来说，默读流利性通常由阅读速度来判断，而朗读流利性对速度和韵律都有要求，但不论速度还是韵律都以理解为目标。另外，朗读流利性还可以用来预测阅读能力[151]，即朗读流利性可以用来初步筛选出有困难的阅读者，朗读流利性成了近年来国外读写研究的热点[152]，对中国成人英语学习者的研究发现朗读流利性与多项能力都具有较高的相关性[153]。

Rasinski[154]认为朗读流利性（fluency）是架在词汇准确识别（word recognition）和篇章理解（comprehension）之间的一座桥。朗读流利性包括两个基本成分：自动化（automaticity）和韵律（prosody）[155]。自动化是指能自动或不费力地识别单词的能力，即不需要进行解码工作，韵律则负责达成理解（comprehension）（见图5-1）[156]517。

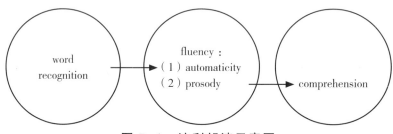

图 5-1 流利朗读示意图

当读者能自动识别词汇，他们就有更多的认知精力来达成理解。朗读中韵律特征的使用意味着读者正在试图理解文本，并用声音帮助自己表达意义，具体表现为读者能用恰当感情、变换音调语速，捕捉到文中说话者风格的变化。流利的朗读者能识别词汇，并且从理论上说，能同时达成理解。不流利的朗读者把大部分精力放在词汇识别上，因为不能快速识别词汇，他们经常一个一个词读，朗读时声音起伏不定，因为他们没能像自然说话那样把词分成组[157]。

二、流利阅读的培养

根据流利阅读的定义，我们将流利阅读的培养分为两种情况：反复朗读和持续默读。反复朗读要求学生多次朗读同一篇文章，并得到教师或其他熟练读者的指导和反馈，反复朗读也指深入阅读。持续默读（即泛读）则鼓励学生在没有获得相应指导和反馈的条件下在课堂内外广泛阅读[158]，朗读的流利性可以预测默读的流利性[159]，以下将从这两方面来进行讨论。

（一）反复朗读

反复朗读是指学生在教师指导下采取多种方法对文章进行加工，在意义理解的基础上提高阅读理解的速度、准确性和韵律感。反复朗读法因效果良好成了研究者[160-161]和全美阅读专家组重点推荐的阅读教学方法。下文将介绍朗读流利培养的相关方法。

1. 流利性发展课程

Zimmerman 和 Rasinski[162]177 等人提出的流利性发展课程（Fluency Development Lesson，简称 FDL）在实践中取得了良好的效果，使得教师乐意长期使用该方案来进行阅读教学。而且，FDL 不仅对低龄学生有效，对初高中生也同样有效。

FDL 的日常实施方案包括：（1）教师或熟练阅读者以富有表现力的方式向学生朗读一篇短文。（2）教师给学生分发短文并第二次有韵律地朗读短文，学生跟着教师示范的方式朗读。（3）师生讨论，注意提高对短文的理解和词汇的认识，学生注意教师或其他朗读者口头朗诵的质量。（4）学生齐声朗读短文。（5）学生两人一组练习朗读短文。（6）学生把短文内容表演出来，重点注意词汇识别、准确性和表现力。（7）学生和教师通过讨论后往单词墙上添加有趣的或较难的单词。（8）教师从短文中选出单词来进行简短的词汇学习活动，例如词汇分类、词汇游戏、发展词汇家族等。（9）学生独自进行关于短文的写作，并和他人分享自己对短文的看法。（10）学生对同学或其他观众就短文进行表演。（11）学生把一份短文放入文件夹便于日后在学校阅读，把另一份带回家和父母及其他家庭成员一起练习。

这份流利性培养方案还可以扩展为以星期为单位的练习，分五天进行。学生大致遵循示范朗读—讨论意义—齐声朗读—小组朗读—单词活动—文章表演的活动顺序进行。

2. 教师示范和反馈

朗读中有很多技巧需要教师进行明确示范，学生仔细聆听后积极模仿才能够学会。教师还需要对学生的朗读进行直接的反馈，教师要注意在反馈时重点关注学生在朗读过程中做得好的地方，这样学生在接下来的阅读中就会积极发扬这些好的地方。当学生的流利性提高时，他们就能注意到示范中更多需要模仿的地方，使自己的流利性继续提高。

（1）角色和情感

学生在朗读外语材料时，往往把大量精力放在语言解码上，语气显得平淡而单调，没有时间去思考应使用什么样的语气和情感来朗读。教师可以从短小的段落开始，让学生试着揣摩不同的人物是怎样说话的，并以这些人物的语气来朗读，如正直勇敢的警察、和蔼可亲的教师、慈爱的妈妈与严肃的爸爸、狡猾的狐狸、威武的狮子。然后，教师再结合人物的情感，分别用高兴、悲伤、兴奋、紧张的语气来朗读。实际上，外语学习者在学习母语的过程中已经具备了用不同视角和感情朗读的能力，这项培养计划就是帮助学生将这种角色敏感性迁移过来。教师还可以选择戏剧中的片段或诗歌做示范让学生练习，因为这种文体本身要求充分的感情投入，没有人会觉得这样的练习很做作。

（2）按意群朗读

朗读中不同的断句位置会产生不同意思，恰当的断句可保证划分出正确的意群，例如：

Mary Kate，our neighbor，arrived home at two.

玛丽·凯特，我们的邻居，两点钟到家。

玛丽是到达（arrived）这个动作的主语。

如果断句的位置如下：

Mary Kate，our neighbor arrived home at two.

玛丽·凯特，我们的邻居两点钟到家。

玛丽就成了说话的对象，而不是到达（arrived）这个动作的主语。

教师示范的时候要求学生对文章中句子的意群进行划分，再根据划分标记来朗读。学生需要有意识地去学习关于意群和断句的知识，以规则为基础进行练习。一般来说，名词词组、介词词组、副词词组、副词＋介词词组、副词＋动词（动词＋副词）词组、固定的动词词组、系动词＋表语作为整体朗读，中间不断开。例如：

①名词词组：this school，one hundred books；

②介词词组：from now on；

③副词词组：all day and all night；

④副词 + 介词词组：early in the morning；

⑤副词 + 动词（动词 + 副词）词组：quietly leave/leave quietly；

⑥固定的动词词组：get ready，take a break；

⑦系动词 + 表语：be at school。

简单句也作为一个意群不分开朗读。例如：

He stands up.

He loves me.

简单的主语从句、表语从句、宾语从句、定语从句也作为意群来朗读。例如：

That you lied to me/made me sad.

That is/how he studies English.

He told me/how he got there.

This is the girl/that helped me.

（3）重读

除意群之外，重读也是表达意义的重要手段，相同的句子，不同位置的重读，也会传达说话者不同的意图。例如"You say it again."中可以有不同的重读位置（重读用大写形式表示）：

YOU say it again.（强调说话的人，不是别人而是你。）

You SAY it again.（强调动作，不是做，而是说。）

You say it AGAIN.（强调动作的重复。）

另外，重读也能很好地体现句子的节奏感和韵律感。一般来说，在句子中需重读的词大都是实词，如名词、动词、形容词、副词、数词、代词等；不需重读的多为虚词，如冠词、连词、介词、感叹词等。例如：

The STREETS are WIDE and CLEAN.

I am SO GLAD to SEE you AGAIN.

但是，有时候虚词也要重读，以下几点需注意。

①强调或突出某个虚词或 be 动词时，应将其重读。例如：

I saw THE man in the morning.（强调某个特定的男人）

②介词在句首时往往要重读。例如：

ON my way to school，my bike was broken.

③be 动词、情态动词和助动词与 not 结合时要重读。例如：

He ISN'T satisfied with what you did.（be 动词和 not 结合）

I'm sorry I CAN'T do that.（情态动词和 not 结合）

DIDN'T I tell you yesterday?（助动词和 not 结合）

④句子末尾的 be 动词和助动词一般要重读。例如：

—Are you a student?

—Yes，I AM.

⑤上文刚出现过的并且重读的单词，第二次提到时一般不再重读。例如：

—How many BOYS are there in the room?

—There are twenty boys in it.

这些词汇重读时，重读落在重读音节上。重读使用得当往往能使意义的表达更加清楚。当重读音节在句子中有规律地反复出现时，节奏和韵律就产生了。意群和重读对外语学习者来说都是非常复杂的，而且很容易听起来不自然，需要大量的模仿和练习。练习的材料可以选择诗歌、戏剧和歌曲类材料，这样就算用稍微夸张一点的发音方式来朗读学生也不会感到不自然。

（4）表示语调的符号

重音、音调、节奏、停顿等共同构成语调，语调经常帮助形成语义。相同的一句话，语调不同，意义有很大差异。例如：

Thank you.

在这个句中当两个词都重读且结尾用降调时，表示衷心感谢；当重读第一个词且结尾用降调时，表示普通的感谢；当结尾用升调时则并不是真正表示感谢，而是一般的寒暄。

中国学生在朗读英语时最明显的问题就是每个音节都重读，从而失去了句子的重点和节奏；而英语本族者在朗读时不仅有重读，而且还有很多弱读和音调的变化。教师在进行朗读示范时，可以用手势直观地表示音调的起伏，升调时手往上斜，降调时手往下斜，遇到重读单词或音节时则手往下，并要求学生在朗读时也用手势表示语调。教师也可以一边朗读一边在幻灯片上做出音调标记，要求学生在朗读材料上标记出音调的变化并进行练习。简单的标记可以这样去做：○（空心圆圈）表示重读；·（小圆点）表示非重读；两条直线之间的空间代表音程（voice range），有高、中、低三种[163]。声调符号标在重读音节上，声调简单来说包括三类，即升调、降调、升降调，可以分别用 ↗、↘ 和 ∧ 表示。举例来说，以下例句可以这样标注语调：

He   can   speak   and   write   English.

3. 成对朗读

除了教师示范朗读外，学生两人一组成对朗读也是提高阅读流利性的一种有效方法。学生结对进行朗读，朗读较好的学生对朗读较差的学生进行朗读指导。从最近发展区的角度来说，朗读较好的学生是朗读较差的学生最可能达到的发展目标。在此过程中，朗读较好的学生也要注意强调朗读较差的学生读得好的地方，不要揪住薄弱环节不放。当朗读较差的学生知道自己哪些地方做得好就会以此为基础扩大自己的优点，并将缺点转化为优点。

成对朗读可以采取很多形式，例如可以让朗读较好的学生充当低年级学生的朗读伙伴；可以根据学生的水平和特点帮他们选择适合朗读的书，并让他们以一种有趣的方式读给伙伴听；在培训阶段，学生可以就如何能更好地演绎朗读材料而互相提意见，从而激发低年级学生听众的兴趣。

Marr 等人汇报了一种经研究验证的成对朗读的方式[164]。教师先给每个学生发一份适合他们自己独立阅读水平的材料，让全体学生同时朗读。在此过程中，教师将学生两两配对，一名朗读较好的学生做教练，另一名朗读较差的学生做搭档。朗读结束后，学生可举手示意自己已经完成。所有学生都完成后，开始成对朗读。学生教练先读完一句，学生搭档接着读一句，学生搭档读完后学生教练接着读，在交替朗读过程中，学生教练和学生搭档读的都是适合自己水平的材料，所以学生教练不会认为自己的水平被拉低了，是在浪费时间，学生搭档也不会认为难度太大而无法跟上。在轮换朗读的空隙，学生搭档有更多时间对自己要朗读的句子进行准备，不至于太紧张，学生教练在有需要时为学生搭档提供帮助。第三遍时，学生搭档自己朗读，学生教练可以在生词方面或其他有需要的地方提供帮助，一般到第三遍时，学生搭档已经能够流利朗读材料了。

在学生练习的过程中，教师会在一旁检查学生进度，指导朗读和独立朗读练习完成后，教师让学生自己进行限时朗读，教师鼓励学生自然而有表情地朗读，并记下一分钟内能读多少内容（即一分钟结束后，学生记下停下的地方，并在阅读文件夹中记录下自己一分钟读的字数）。学生教练也可以帮助学生搭档总结自己的进步。教师随后会检查阅读文件夹中的记录，调整阅读材料，以帮助学生进步。

在朗读的材料方面，教师可以选取一般性的故事。因为已经确定好难度等级，分级读物中的故事是不错的选择。教师要确保材料中每一个句子都是完整的句子，不带插图，并且每段材料的故事都要完整。当学生熟悉了练习程序后，教师可以让学生练习在 10~12 分钟内完成朗读。在成对练习时，学生搭档表示享受朗读故事，喜欢与学生教练一起合作，而且期待看到自己的进步。下文是练习朗读材料的样本[164]：

A Chair for My Mother

My mother works as a waitress.	6
Every day when my mother comes home from work,	
I take down our jar.	20
Mama empties all her change from tips out of her	
purse for me to count.	35
Then we push all of the coins into the jar.	45
When we can't get a single other coin into the jar,	56
we are going to take out all the money and go and	
buy a chair.	71

One day Mama said, "Well, I never would have
believed it, but I guess it's full."   87

We took all the coins to the bank and exchanged
them for ten-dollar bills.   101

Then we took the bus downtown to shop for our chair.   112

Finally we found the chair we were all dreaming of.   122

It was covered in red velvet with roses all over it.   133

The money in the jar was enough to pay for it.   144

Grandma and Mama and I all sat in it while Aunt Pat
took our picture.   159

成对朗读练习还可以让学生先选择自己感兴趣的书、短篇小说或一篇杂志文章；再请一位朗读流利的高年级学生朗读并进行录音，可以只录一部分朗读材料，朗读语速要慢；学生反复听录音，一边听一边默默跟读；听了几遍以后，学生跟着录音大声朗读，朗读后再跟着录音练习，直到能够独立流利朗读为止。最后，学生把朗读材料读给教师或是同学听，请对方给自己的朗读提出意见。

4. 使用音乐

音乐与朗读共同的特点是都涉及对音素的划分和合成，而音高、节奏、重音也是二者共享的元素。音乐学习和阅读之间可能存在一种技能迁移，获得音乐技巧可能会提高朗读的流利性。Gromko 发现接受音乐教学的学生在音素划分上的表现比未接受音乐教学的学生有显著性的提高，而音素意识正是解码阅读中的重要组成部分[165]。在《音乐、语言与脑》一书中，作者帕泰尔（A. D. Patel）援引了 Anvari、Slevc 与 Miyake 的研究，证明音乐能力不仅能预测阅读能力的差异，而且可以预测第二语言技能的差异[166]。Standley 进行的元分析发现，如果音乐活动中包含了特殊的阅读技巧或者用音乐来强化阅读行为，那么音乐对阅读的好处会非常大[167]。

对于音乐教学，Gromko 是这样描述的："……孩子们首先学唱一首新歌，然后他们边唱边律动身体，身体律动会强化孩子对稳定节拍、词语节奏、高音和低音的感知。这种身体的律动类似舞蹈，能够帮助孩子组织起对乐声在时空中的感知。孩子也可以使用乐器，如节奏棒、音棒、锯琴、木鱼、沙锤、三角铁、指拨、手磬子、铃铛、木琴等来强化对稳定节拍、词语节奏或旋律轮廓的感知。最后，孩子边唱边触击表格，表格中的点代表稳定的节拍，正方形和长方形代表词语节奏，线条代表旋律轮廓。正如初级文字阅读者学着把声音和语素或字母联系起来，初级音乐阅读者也学着把对节奏和音高的感知与模拟乐声的图形联系起来。"[165]

外语教师如何借助音乐训练的方法来进行朗读培训，在此建议以下三种方式：（1）背景音乐。当学生朗读时，教师可以配上与文章主题相符的音乐，通过音乐的感染带领学生领悟文章包含的感情以及可能包含的节奏。（2）身体律动。正如教师朗读时用手势向学生示范音高、音调、节奏一样，学生朗读时也可以借助手势和身体律动来强调这些元素。一旦身体建立起了对语调的感知，这种感知就更容易迁移到其他文章的朗读中。（3）敲击桌面。学生在刚开始时可以用手指敲击桌面来表示节奏，敲击的节点就是句子的重音音节，一段时间后当学生形成了恰当的朗读节奏，就可以不用手指敲击，这时节奏已变成了内在的。

5. 使用戏剧

为了更进一步激发学生练习朗读的兴趣，教师还可以尝试学生剧场的方法来进行流利性练习[168]，与其他方法相比，戏剧练习法适用于所有水平的学生，它提供了一个比较真实的环境让学生进行反复朗读，并且在朗读中需要注意语调的使用、投入更多的情感。因为戏剧本就需要配合，这也自然形成了同伴之间的指导。

如果戏剧练习以五天为一个周期，那么第一天教师将剧本发给学生，为学生朗读一遍作为示范，学生需要注意表情、断句和语调。朗读前，教师向学生介绍生词和戏剧中的概念，并建立起与戏剧有关的背景知识。朗读后，全班一起讨论剧本和词汇。回家后，学生要向自己的家人和朋友朗读剧本，并要求家长签字，而且接下来的每天都要求学生这么做。第二天，学生分配角色，把自己的那部分台词用记号笔标出来，并与搭档一起进行台词朗读练习，主要练习语调和断句。学生之间可以互相提意见。第三天，整个剧组一起对台词，重点练习措辞和表情，教师在一边担任指导，学生在剧本上标出需要停顿的地方，并大声朗读剧本，朗读时减慢语速来理解台词的含义。

第二天和第三天的课程非常重要。如果学生要学会用适当的表情朗读，他们首先要理解每个标点符号的意思，所以教师要告诉学生在每个标点符号处，他们的语音语调应做出什么变化。例如，感叹号表示要使用惊奇或激动的声音，学生可以通过想些激动的事情来练习这种声音，然后学生练习朗读剧本上的句子，使自己的声音听上去激动或惊讶。对问号和句号的练习也是如此。

第四天，学生自己练习或者与教师一起练习，学生成对练习时要互相聆听并注意对方的朗读，并对对方的朗读给出意见。然后，全班一起排练戏剧，学生在朗读中要求使用手势和重读。第五天学生在班上表演戏剧，教师还可以邀请学生家长来一起欣赏戏剧，因为家长从第一天开始就倾听孩子朗读剧本，他们实际上已经加入到了戏剧的排练中。

6. 朗读材料的选择

朗读材料是每一种朗读培训方法都要涉及的，什么材料最适合发展流利性呢？不同水平的读者需要的材料是否会有差异？

目前的研究主要对可解码（decodable）的材料和可预测（predictable）的材料进行了考查，这两种材料与两种阅读模式相关，即自下而上和自上而下。可解码的材料主要给学生提供符合拼读规则的单词、短语和句子，以及一定数量的高频词和视觉词让学生练习解码技能，从而提高阅读流利性。可预测的材料通过向学生提供能预测内容的文章，使学生在理解意义的基础上提高流利性。

而要朗读可解码的材料，学生需要先学习拼写-发音对应规则，而且要系统学过视觉词；材料本身也需要满足两个特点，即词汇在发音上是规则的，词汇中的语音元素事先学过。在内容可预测的材料中，单词、词组和句子因其重复多次而具有可猜测性，学生还可以利用众多资源来识别词汇，如插图、重复的模式化语言、节奏和韵脚、对语言的期待和记忆能力。可预测的材料有利于初学者识别词汇，但不一定能优化词汇学习。正如 Adams 所说，"如果读者能通过阅读材料本身快速且自信地识别生词，读者就不会有很强的动力来注意词汇的拼写，如果不学习词汇的拼写，就很少有机会来提高词汇的视觉熟悉性。"[169]217 Hiebert 和 Fisher[170]的研究发现，材料的特点对流利性的发展有很大影响，并且她倾向支持使用可解码的材料。Rasinski 认为教师应该选择在词汇识别和句法复杂性上相对容易的材料，容易的材料能帮助学生建立朗读信心[171]。

除这两个因素以外，兴趣因素在材料选择中也是很重要的，没有人愿意去读一些非常无趣而又枯燥的材料。Clarke 和 Silberstein 指出应选择与学习者的语言水平和兴趣相适应的材料，兴趣是一个比语言难易度更重要的标准[172]。简单来说，朗读材料由三个变量控制，即解码性、预测性和趣味性，而这三者的中心是学习者，学习者的水平和兴趣决定材料的选择，教师要用吸引力强、生词少的材料，保证学生能进行朗读且能展现流利性和韵律。

7. 外语学生的反复朗读培训

外语学生的反复朗读培训可以参考以下几点建议。

（1）将反复朗读融入日常的课程计划和学习中，大约两周一次，每次 30 分钟[173]266。反复朗读培训应该在一段时间内持续进行，多次重复和精听可能会让反复朗读达到最好的效果，但是在正常的教学中插入密集的重复培训可能会十分困难。当学生通过反复朗读理解了意义后，他们就可以进行其他语言学习活动，如意义讨论、以学习者为中心的词汇和内容讨论。

（2）对反复朗读进行记录。上文已经介绍过学生在培训中需要记录下自己的表现，观看自己的进步。对于学习者特别是低龄学习者来说，看到自己在朗读流利性方面的进步将会更有信心将培训继续下去，教师可以使用表格来记录学生的表现（如表 5-1 所示）。另外，学生还可以在朗读后写日志来记录自己对材料的理解，体会在反复朗读中自己的理解会发生什么变化，阅读速度和阅读理解间的关系是什么（如表 5-2 所示）。

（3）朗读并非只适用于低龄学习者，朗读能帮助读者把对朗读材料中意义和感情的理解外化出来，也可以帮读者判断自己的理解是否正确。朗读培训形成的节奏感（如断句）也可以迁移到默读中，帮助默读节奏化。

（4）朗读虽然培训自动化解码和韵律，但培训的中心仍然是意义。虽然在朗读过程中读者用于理解的精力会被解码和韵律表现分走一些，但在每一段朗读中，教师都可以问学生该段的主要意思是什么，把朗读的形式和意义结合起来。

表5-1　学生朗读记录表

学号：＿＿＿＿＿＿＿　　　　　　　姓名：＿＿＿＿＿＿＿

项目	1	2	3	4	5
朗读词数	365				
朗读日期	Sept. 8				
材料信息（第几页，几行）	P3，L12 P4，L15				
完成时间	14：10（30 mins）				
开始时间	13：40				
是否阅读了材料的前半部分（读新故事则填NA，即nonapplicable）	✓				
朗读时长（1）	2 mins 55s				
听录音朗读（2）	✓				
听录音朗读（3）	✓				
朗读时长（4）	2 mins 29s				
朗读时长（5）	2 mins 13s				
是否写阅读报告	✓				

表5-2　朗读日志

姓名：_____

时间：_____

朗读词数：_____

书名（文章名）：_____

今天读的内容：从第_____页_____行至第_____页_____行

我想到的：_____

_____

_____

_____

_____

_____

（此处记录朗读时想到的任何内容，例如你喜欢跟着录音朗读吗？用英语朗读难在哪里？这个方法对你有帮助吗？你的朗读发生了什么变化？）

（表 5-1 和表 5-2 均改编自 Taguchi & Gorsuch [173] 268-269）

　　本小节对朗读中的基本元素如重音、意群等做了简单介绍，并总结了朗读培训中教师和同伴如何发挥示范作用来帮助发展流利朗读。另外，教师还可以使用音乐、戏剧等手段来促进流利性发展。接下来主要讨论流利默读在课堂中的培训方法：持续默读。

（二）持续默读

　　默读是指学生在没有辅导的情况下进行不出声的阅读，默读的效率要高于朗读，主要以获取信息为目的。持续默读（sustained silent reading，简称SSR）是泛读的一种，是一种以学生自主的娱乐性阅读来养成阅读习惯、提高阅读能力的培养方式。

　　1. 持续默读的定义

　　持续默读是指在课堂上，大家一起安静地阅读。学生可以在课堂上自己选择阅读材料，并独立进行阅读[174]。具体地说，持续默读是独立阅读的一种，它基于一个简单的原则：阅读是一种技巧——使用越多就越熟练，使用越少就越生疏越困难。而且依据 Krashen[175] 的看法，语言学习是一种潜意识的活动，在大量阅读的过程中，学习者很可能会通过反复接触语言而习得语言。当学生在教室中一起阅读时，他们会明白阅读的乐趣和价值，让他们渴望成为这个阅读共同体的一分子。除了 SSR 外，持续默读还有其他的表示方法：（1）DEAR（Drop Everything and Read），即抛开一切，专心阅读。（2）USSR（Uninterrupted Sustained Silent Reading），即不受干扰的持续默读。（3）SQUIRT（Sustained Quiet Uninterrupted Independent Reading Time），即持续的安静的不受干扰的独立阅读时间。（4）FVR（Free Voluntary Reading），即自由自发的阅读。

在母语国家，学校和家庭的持续默读可以参考以下教学计划：（1）孩子独立阅读的时间必须限定在相对固定的时间段内。教师与父母应根据班级和家庭环境的不同调整时间，以增加孩子的熟练程度。在教室内阅读的时间通常是 10 分钟或 15 分钟。（2）每个学生应自行挑选要看的图书、杂志或报纸，在阅读期间不得变换读物。所有读物需在持续默读时间开始之前选好。（3）教师与父母也要陪同阅读，以身作则。这一点再怎么强调也不为过。（4）不要求学生写读书报告，也不做任何分数记录[176]139。

而导致持续默读失败的最主要原因是：（1）教师（或助教）只监督学生，而没有一同阅读。（2）教室内缺乏足够的持续默读读物。

2. 持续默读的理由

根据崔利斯（Trelease）在《朗读手册》中的介绍，持续默读在美国中小学校得到了大量实施，甚至在改造问题学校的过程中产生了良好的效果；日本的教育者将持续默读应用在母语阅读教育中也取得了巨大的成功，它适合各种水平的阅读者，甚至对有学习障碍的学生也有效；各学校的实施结果表明持续默读对提高学生的阅读水平和写作水平非常有效，更重要的是，它改变了学生对阅读的态度[176]。

Krashen[177]在《阅读的力量》（*The Power of Reading*）一书中介绍了大量基于持续默读的实证研究，验证了外语学习中持续默读的优点。例如，Elly 在新加坡进行了涉及 3000 名学生的追踪调查研究，研究表明：以乐趣为目的进行自由阅读的英语学习者在阅读理解、词汇、口语、语法、听力及写作上的表现都要优于用传统方法教学的学生[177]4。而 Mason 在日本选了一些英语考试不及格的大学生组成实验班，英语及格的大学生组成对照班。一个学期中，实验班的学生在课堂和家里读分级读物，对照班的学生则按传统的语法翻译法进行教学。一个学期后实验班的学生虽然在前测中得分很低，但他们在后测中进步的幅度远远高于对照组，而且差不多赶上对照组。在这项研究中最重要的发现是学生学习态度的转变，很多曾经不愿学英语的学生经过大量阅读后变成了热情的阅读者。[177]6

另外，持续默读还在语法学习、TOEFL 考试和最令外语学生头疼的词汇学习中有积极作用。Hermann 的研究发现，两组成年英语学习者中的第一组对故事中的单词进行机械记忆，第二组则只阅读故事且不知道会有词汇测试。一个星期后，第一组的学生在词汇测试中的表现要优于第二组学生，但是在三个星期后的第二次词汇测试中他们的表现就没有明显区别了。第一组机械记忆的学习者在两次测试之间遗忘了很多单词，而第二组专注阅读的学生的词汇测试成绩则明显提高了。[177]15 Krashen 提出了"阅读假设"（reading hypothesis），认为阅读量更大对阅读理解、写作风格、语法、拼写和词汇都有更好的效果[177]17。Davis 也认为："任何 ESL、EFL 或一语课堂如果缺少泛读，质量都会降低，也无法像包含泛读的课堂一样有效促进学生语言在各方面的发展。"[178]

国内也有同样的成功案例，如李兴勇探讨了在高一实施持续默读的效果，发现实验班的阅读成绩较对照班有显著提高，但是前提是持续默读的持续时间需在一个学期以上[179]；而且持续默读对学生的阅读情感态度也有明显提升[180]。邱宏同样在高一实施了持续默读，取得了相似的效果，实验班的学生在经过一段时间的持续默读后，尽管教师在平时的课堂教学和课后作业中并没有刻意增加阅读理解和完形填空的训练与讲解，可是学生在这两部分的成绩均有明显提高，甚至高于重点班和精英班的学生。学生课堂默读时主动要求增加阅读时间，不愿停止阅读[181]。王素梅等[182]和关亚欣与罗少茜[183]在小学实施不同形式的持续默读都获得了成功，毛古丽通过家校协作发动家长一起培养学生的阅读习惯，使学生能长期坚持英语阅读，下面我们会做详细介绍。

3. 在外语教学中实施持续默读

在外语教学中实施持续默读应该遵循持续默读的一般原则，如教师示范、充足的读物、固定的时间段、学生自行挑选、不进行测试等。依照学校和班级的特点，教师可以自己做出适合学生情况的调整计划。下文将具体介绍教师在小学和高中开展持续默读的做法[184-185]。

（1）在小学进行持续默读

该实验班是北京某小学五年级班级，学生年龄为 10~11 岁。在持续默读开展之前，教师调查了学生对阅读的态度：学生认为阅读就是为考试服务，阅读缺乏主动性，从来不会自己主动进行英语阅读，没有阅读英文读物的兴趣和习惯，而且学生也不会挑选英文读物。但是该班级教师认为由于小学高年级的学生已经具备有意注意，加之教材中阅读篇幅更长，意义更为复杂，所以默读法的优势比朗读更明显，对小学高年级的学生更合适。另外，学生处于语言习得与记忆、思维能力发展的关键期，具备一定的阅读感知力（对字、词、句等的语义识别能力），关注整体材料的信息获取和逻辑思维能力发展，能够进行持续默读培训。

教师对自己的角色是这样设计的："与学生一起默读，示范良好阅读习惯；备书；为学生提供安静阅读环境；教师对学生做适当监测。"对于学生的角色，教师认为学生"每天在一个固定时间安静阅读，自主选书和换书，拥有不受打扰的阅读时间，不必就所读内容参加测试。"[1]

该实验班级是随机抽取的，实验开展之前，在课题组的统一安排下对该班所有学生进行了英语水平测试；阅读材料主要是课题组提供的系列读本，并由任课教师分类、编码，读本大多是配图的绘本，根据学生阅读能力的强弱，绘本中的词汇量多少不等，阅读能力强的学生如果觉得没有适合自己阅读水平的材料，就可以自带英语书在课上阅读。每节英语课抽出 5~10 分钟进行英语默读活动，在上课之前，学生协助老师把阅读材料摆放在讲台上，学生在课前就选好书；学生在课间也可以换书继续阅读。阅读过程中学生填写阅读记录卡（如表 5-3 所示），教师一起默读和记录。教师每周收一次阅读记录卡，并进行反思。

---

[1] 该实施方案来自于小宁老师在2015年首届中小学英语阅读教学学术研讨会上的发言。

表5-3 阅读记录表

姓名：　　　　　　　班级：　　　　　　　学号：

日期		图书名称和编号	
我想说：			

　　该班的持续默读实践从 3 月持续到 6 月，课题组又在 6 月对该班进行了一次英语水平测试。从两次测试的结果来看，大部分学生的英语水平有十分明显的提高。从学生的阅读记录表来看，某学生在 3 月最开始的记录表上"我想说"这一栏是这样填写的："Cool! Very nice! Good!"而在 6 月份的记录表上，他填写的内容如下（原文有错未改）："In the ancient, there is a girl name Mulan. One morning, Mulan goes to sell cloth at the market. Suddenly, she hears a noise, she sees many people running to a place. When she goes there, she sees a list, emperor want a army to fight, her dad must join. Mulan's father is old and ill so Mulan's go in father's place. So Mulan buys something and goes the soldier's tent..."

　　此外，他还在一些阅读记录表上画了插图来表达故事内容。由此我们可以看出，该生确实理解了故事内容，能完整复述故事情节，并且用插图来表达自己的理解。这其中最令人欣喜的就是学生在阅读态度上的变化。从家长填写的反馈表来看，"孩子喜欢这项阅读活动，不仅可以学很多单词，而且增长了不少知识"。从教师的观察来看，学生的阅读兴趣增强了，阅读习惯也发生了变化（更主动、注意力更加集中），学生概括文本大意和提取信息的能力也提高了。

　　经过一个学期后，该教师计划在下学期继续实施持续默读，并对实施方案进行一些改进，例如在开学初用专门的时间向学生说明上一学期该实验开展的效果，提出这一学期的改进措施，并呼吁学生积极配合；把改进后的持续默读活动规则打印出来，贴在班级宣传栏里。在阅读书籍方面，除了课题组提供的书籍外，教师计划再从学校图书馆借来一些分级读物，并根据学生的阅读能力水平和兴趣进行匹配，将这些分级读物发给学生，让他们带回家读，将阅读活动延伸到课外。在默读过程中，教师可以开设阅读辅导课解答学生的疑惑，在默读实践后期开设阅读报告会。该教师进行的阅读实践属于典型的持续默读，学生自由自主阅读，教师示范阅读；同时教师结合学生的兴趣和阅读水平，对阅读地点进行延伸，并采取多种方式帮助和激励学生进行阅读。

除了于小宁外，王素梅等[182]和关亚欣与罗少茜[183]分别对默读与课堂教学的结合，以及低年级小学生的默读实践进行了尝试。王素梅等进行了小学英语课堂5分钟课外故事阅读的行动研究，其阅读实验过程如下：教师选择与课文有关的故事，学生自己阅读，教师与学生之间无交流，教师发现学生对这种阅读方式的接受度不佳。于是，教师调整了阅读方案，增加了阅读中师生互动的元素。对于故事中可能会影响学生理解的词句，教师会通过图片辅助、中文注释等方式帮助学生理解。此外，教师会根据故事内容设计一些问题，让学生带着问题去阅读故事。问题可以引导学生关注故事的不同方面，且对学生阅读能力、阅读策略和阅读习惯的培养都有益处。

王素梅等调查了五年级学生的阅读需求并收集了学生对故事选材提出的意见和建议，确定了四条选材原则：①聚焦教材主题；②聚焦学生生活；③纯粹的趣味"悦"读；④学生的自主"悦"读。聚焦教材主题就是要用契合教学内容主题的故事作为5分钟阅读的材料。聚焦学生生活就是要选择与学生生活实际情境一致且有教育趣味的故事。纯粹的趣味"悦"读就是故事内容与教材无关，与学生生活关联也不是十分密切，只是故事特别有趣，学生读得很开心，大多是笑话类。学生的自主"悦"读是指学生根据自己的兴趣、喜好选择阅读的内容。课堂5分钟课外故事阅读实施一段时间后，学生的问卷调查结果显示，一些学生在家也开始进行英语阅读了，课堂5分钟课外故事阅读在激发学生的阅读兴趣、培养阅读意识等方面达到了预期效果。还有一部分学生希望能有更长的阅读时间，能阅读更多课外故事，课堂5分钟课外故事阅读已经成了学生自主阅读的起点。

从王素梅等的行动研究报告来看，乐趣和自主成为她们阅读计划中的关键词。尽管她们为阅读活动设置了问题并对学生阅读提供了帮助，但是学生的阅读兴趣依然被激发出来，这也从另一角度证明了阅读本身的力量。如果学生能从阅读中获得乐趣，阅读就能进入一个良性发展的轨道。

关亚欣和罗少茜在小学一年级尝试进行英语绘本持续默读，也取得了不错的效果[183]。她们的默读方案中的特殊之处在于：①持续默读时间较短。默读持续时间设计为3分钟，在第一阶段（第一学期）前三周，学生刚开始不能安静地坐在座位上阅读时，教师就拿出英语书陪着学生一起阅读。进行了3周的训练后，学生能够更多关注阅读的图片，但是对于个别单词他们依然不理解，有的学生会举手问老师词义。持续默读开展到第5周时，学生阅读的专注度和兴趣点有所下降，部分学生不专心阅读。②发挥同伴的影响力。教师帮助学生进行好书分享活动，当学生再次挑选图书时，尤其是挑到被同学们分享过的图书时都会非常兴奋，并认真阅读。同伴的影响力在学生阅读兴趣的培养中起到了非常重要的作用。③鼓励学生自己制作英文绘本，补充图书资源。④加入背景音乐。在第二阶段（第二学期）课前3分钟的持续默读训练中加入背景音乐，学生听到背景音乐后就会自动坐在座位上开始阅读。在整个过程中，教师静静坐在自己的座位上读书，享受阅读。

小学英语教学中很重要的一个方面是家庭的配合，毛古丽①在小学进行的持续默读实验中关注阅读的社会因素，以家校协作促进学生阅读习惯的养成，例如让家长听阅读讲座了解阅读培养的方法，向家长介绍成功阅读者的培养案例来增强家长培养孩子阅读习惯的信心。部分家长在讲座和学习后了解并认同默读的价值，积极进行家庭默读的实践，他们在社交媒体上记录孩子的阅读轨迹来鼓励孩子阅读，同时督促自己。有一位家长就记录了自己和孩子一段难忘的阅读经历，即使在暑假她依然陪伴和督促孩子阅读，在8周内完成了自己设定的分级阅读的目标，家长和孩子都觉得这种经历非常宝贵。

---

① 该案例来自2015年首届中小学英语阅读教学学术研讨会上的发言。

　　从上述几位教师的介绍可以看出，只要设计得当，遵守默读的原则，持续默读在小学低年级和高年级都能取得成功。另外，教师可以对默读方案进行设计和修改，例如增加同学的示范和阅读分享，把默读内容与教学内容相联系，通过家校协作使学生在校外能进行更多的阅读。下文将介绍邱宏在高中进行的持续默读实验。

　　（2）在高中进行持续默读

　　实验班级是北京市某中学高一某班，在实验开始前，该班英语教师邱宏在学生中做了调查，对学生英语阅读的基本情况有一定的了解：①关于"阅读习惯"。超过70%的学生每天读英语课外读物的时间不到15分钟，甚至根本不读英语课外读物。闲暇时间，学生最常做的三件事情是：上网、睡觉和看电视，阅读只排在了第五位。②关于"阅读时间"。近55%的学生在上学的日子里每天可以用来支配的空闲时间不足1小时，近86%的学生每天的空闲时间不超过1.5小时。大多数学生几乎不做英文课外阅读，更多的时候他们会选择网络来进行休闲娱乐。③关于"阅读材料"。几乎所有的学生都拥有至少一本英文课外书籍。近70%的学生拥有3本以上英文课外书籍。影响学生进行英文课外阅读的因素中，"读不懂"排在了第三位。这一情况与对高中生学习状态和英语阅读的一般认知相符，学生课后不读英文书，他们没有时间读或是读不懂。

　　该教师认为课堂实施持续默读有几个基本原则：①选书是关键；②读书时间的保障；③前期的教师监控与指导；④教师的陪同阅读；⑤读书报告、笔记、记录不强求；⑥图书的流动。

　　教师把持续默读的实施划分为以下3个阶段。

　　第一阶段：初始阶段（共2周）

　　这一阶段至关重要。在该阶段，教师宣讲持续默读的实施计划和目的，指导学生选择适合的读物。教师没有指定读物，而是和学生讨论怎么去挑选读物。简单来说就是使用"5指"原则，即如果每页不认识的单词超过5个，那么该书就不适合学生独立阅读。第一周，在学生选择好读物后，教师将学生选择的读物进行登记。第二周，持续无声阅读计划正式进行。教师给每个学生发一张可以当作书签的小卡片，并鼓励他们用背面做积累。学生在学校进行持续无声阅读，每天10~15分钟。持续无声阅读开展初期，教师要特别注意观察学生阅读的情况，并进行必要的指导和调整。

第二阶段：成熟阶段（共 6 周）

学生在学校进行持续无声阅读，每天 10~15 分钟。在这一阶段，学生已经随着计划的顺利实施，完全进入持续无声阅读的状态。教师开始陪同学生阅读，以身作则。学生在每天的同一时间，进入教室之后，什么也不需要说，只需要翻开书，专心阅读就可以了。在这一阶段，教师不要求学生写读书报告，也不做任何分数记录或阅读测试。教师将采用记日志、访谈学生和定期录像三种方式来收集信息和数据，了解学生阅读兴趣和读书习惯的变化。

第三阶段：固化阶段（共 11 周）

在这一阶段，学生继续在学校开展持续无声阅读，每天 10~15 分钟。持续默读计划在这个班的实施已经进入比较成熟的阶段，学生已经可以自觉地在规定的阅读时间进行独立阅读。在这一阶段初始的时候，教师根据语言学习的特点和规律，给学生一些词汇积累和语言积累的建议，但是并没有强迫学生必须按照他的建议做。此外，教师还鼓励学生相互借书、换书来阅读，也给学生提供一些英文的文学和科普方面的书籍。在这一阶段，教师在保证学生的阅读时间和环境、不干涉学生的阅读活动的前提下，加强对学生阅读目的的指导和阅读兴趣的引导。

计划实施 19 周后，教师发现学生的阅读理解能力、阅读的态度、阅读的习惯都有了积极的变化。实验班在没有特意增加阅读理解题练习的情况下，在统测中阅读理解部分的成绩不仅超过了平行班，而且还赶上并超过了同校的重点班。就阅读态度而言，学生并没有认为利用每天课堂的时间进行这样全无压力，甚至与考试无关的阅读是在浪费课堂时间，他们完全认可在课堂中进行持续无声阅读，并且乐在其中，甚至曾经对该活动质疑的学生最终也极力赞成该活动继续进行。在计划开展之前，有 40% 的学生没有阅读过英语读物，但在计划开展之后，几乎所有学生都认为喜欢自己所读的书，而且认为英语读物不仅帮助自己了解外国的文学和文化，还可以培养自己的英语阅读能力和语感。

小学和高中实施持续默读的方案表明，学生的年龄对持续默读的时间、材料、组织方式都有影响。教师可以在遵守基本原则的基础上，根据自己班级的特点来制订和实施持续默读计划，以本班学生的接受程度和实施效果为准。

4. 持续默读实施过程中一些可能出现的问题

（1）持续默读的效果也许看上去过于美好，这么简单的方法会真的有效吗？

Trelease 认为，由于持续默读是非正式且不评分的形式，因此它给学生提供了一个新的阅读层面——让阅读成为一种娱乐[176]140。这与将阅读视为考试和练习的体验是完全不同的，更有利于让学生真正喜欢上它。持续默读可能不会使学生的阅读技巧立刻改变，但可以使学生对图书馆、自发性阅读、指定阅读以及阅读的重要性等的态度产生正面的转变，进而影响学生的阅读量。另外，持续默读可能是学生进行词汇积累的重要方式，其重要性甚至超过他们在基本的教科书或日常口语中的词汇学习，因为商业书刊中具有丰富的词汇、句式和文学形式，这些与有词汇量限制的教科书是完全不同的。

（2）什么样的学生可以进行持续默读？

从理论上说，任何学生都可以进行持续默读，前提是学生的阅读材料要与他自己的阅读水平相匹配。另外，学生还需要具备一些基本的条件，比如能坐下来安静地阅读，并保证足够的注意时间。

（3）持续默读的材料应怎么选择？

材料的选择以学生的兴趣为标准[186]，教师应提供体裁丰富、内容精彩的阅读材料供学生选择。词汇判断上可以使用"5 指"原则，即一页材料中如果超过五个单词不认识，那么该阅读材料可能就不适合用来做持续默读。

（4）英语课时本来就少，哪有时间来进行持续默读呢？

语言学习在本质上就是接触和实践，当学生能够反复接触到某一语言形式时，他就有可能习得该形式。这是在真实环境中的习得，有利于学生将之保持在长期记忆中。

另外，学生在持续默读结束后可能会觉得意犹未尽，要求延长阅读时间。因此，持续默读结束后，学生还可能会在课后自己找时间进行阅读，甚至在假期中自己找书来阅读，因为人们都倾向于寻找愉快的经历而避免不愉快的经历，而此时阅读已经与娱乐建立了联系。

（5）当学生把大量时间花在阅读上而很少做练习题时，怎么能保证他们在考试中有好的表现呢？毕竟，评价的标准是分数而不是阅读量。

Anderson 等人经过大量的研究分析得出了一个结论：与花大量时间完成练习相比，学生如果花大量时间进行口语和默读活动，他们的考试成绩将取得更大的进步[160]。我们都明白如果花更多时间在某一任务上，我们在该任务上就会更加具有优势，那么教师要做出的选择是，到底是想让学生更熟练地做练习，还是能更熟练地阅读。

（6）教师什么也不需要做吗？

是的，教师的作用就是在讲台上阅读，为学生做出阅读的榜样，并保证学生有一个安静的阅读环境而不受打扰。要想让学生爱上阅读，教师自己要先爱上阅读。

本节我们从朗读和默读两方面介绍了流利阅读的培养方法，特别介绍了国内的中小学教师进行持续默读的实践。从方法的实施来看，教师的阅读教学观念在其中发挥了重要作用，持续默读无须教师有多么高超的教学技巧，甚至无须教师直接教。只有当教师在观念上认同持续默读的价值时，他才有可能运用此方法培养学生的阅读能力。下一节将要介绍的流利写作也是如此，学生写作能力的培养同样需要从流利写作入手。

第二节　流利写作

　　成为流利的外语写作者，意味着学生能够根据要表达的意思迅速找到相应的表达并把它们写出来。而不流利的外语写作者写得很慢，他们在写作时会经常停下来检查拼写，或是不知道接下来要写什么、怎么写。因为写得慢，他们可能会忘记自己想要写的句子。培养流利的写作者是本书讨论外语读写能力培养的目标之一。本节主要讨论流利写作，介绍流利写作的定义及其培养。

一、流利写作的定义

　　写作流利性在二语习得领域中至今还未形成一致的定义。"从文本视角来看，写作流利性以长度、写作速度和写作质量来体现；从过程视角来看，写作流利性表现在产出语句的轻松自如程度或无意识的自动程序技能。作为一个复杂概念，写作流利性受到个人能力因素、修辞和语境的共同影响。"[187]在本书中，我们认为流利写作是指能以较快的速度自如地进行写作。

　　马蓉和秦晓晴总结认为对写作流利性的理论探讨存在三个视角：社会文化视角、认知视角和语言学视角，从不同的视角出发理解写作流利性会对流利写作的培养带来很大差异[187]。社会文化视角主要关注语言的发展过程和可接受性，认为流利写作的速度应该以读者的可接受度为前提，同时还要完成交际目的。认知视角的探讨主要涉及任务复杂度、长时记忆和工作记忆，以及文本复杂性、准确性和流利性之间的注意资源竞争与促进。例如，Robinson认为任务复杂度的增加会降低流利性，Skehan认为流利度、准确度和复杂度之间存在竞争。语言学视角包括陈述性知识向程序性知识转化的ACT理论、范例模式和频次理论。依据这些理论观点，流利性的提高需要记忆范例和增加练习频次。

　　在外语写作教学中，教师关注较多的可能是写作的准确性，即如何保证学生在写作中使用正确的词汇和语法，然后才是快速自如地写作。而学生则认为写作是教师要求的，写作并非真正有意义的交流方式，而是教师检测他们是否已经学会了教师教授的词汇和语法的一种"考试"[188]144，因此许多学生选择尽量少写以期尽可能减少错误[189]。这种谨慎的做法使学生的写作不仅在语法和词汇上缺少丰富性和复杂性，也减少了写作的字数[190]。然而，写作的流利性是写作能力和写作发展中非常基础的一部分[191]。如果学生采取回避的方式写作，就会减少自己使用已有语言资源的机会，也减少了试错和验证假设的机会，而这些行为对语言学习都是非常必要的[192]。

二、流利写作的培养

Nation 认为流利性的发展在语言课程中非常重要，他认为学生进行限时的、连续的写作，即在规定时间内写出篇幅较长的文章是一种非常有用的流利性发展活动[193]。要利用好这一活动，教师不要急于改错，而应该关注学生写作中值得肯定的地方，鼓励学生多写。要发展写作流利性，教师可以选择从以下几方面来进行设计。

（一）学生自己选择写作题目

写作题目关系到学生是否想写、可以写多少。如果给学生自己选择写作题目的权利，学生写作的流利性可能会得到显著提高。Bonzo 发现中等水平的德语学习者就自己选择的题目在限定时间内进行写作时，其写作流利性比就教师选择的题目进行写作时有显著提高[190]。学生写作流利性的提高可能与词汇认知处理机制有关。当学生能选择写作的题目时，他们往往选择的是他们更熟悉的或对他们更有意义的题目，而词汇都是与语境或上下文结合在一起的，当激活了熟悉语境中的一个单词时，更多在同一语境中与该词连接的其他单词就会被激活，单词之间的连接减轻了记忆任务。

（二）快速写作

Elbow 推荐使用快速写作（quick writing）来发展写作流利性[194]。快速写作时，学生一边思考某个想法（例如对某种动物的了解），一边不停地写。快速写作时，写作能力较低的学生肯定会出现许多错误，教师不用关注学生的错误，只要确定学生是在不停地写以表达自己的想法就可以了。教师应该把错误看作是出现在语言学习过程中的自然现象，是语言发展的证据，错误之所以出现是由于学生在验证头脑中对语言的假设[195]。通过多次练习，学生写作的准确性会有所提高。教师也可以先为学生读一个故事，再让学生就故事做出回应，并进行快速写作；或是让学生写关于某一学科知识的内容。快速写作的目的是通过给学生提供一个有一定了解的题目来促进写作流利性。

程春梅也运用了类似的方法来提高学生写作流利性，她让学生每周两次，每次至少10分钟来进行自由写作，要求学生在10分钟内写得越多越好；写完以后，学生数一下自己写的字数，标题和标点符号不算入总字数，把字数记在标题旁边[196]。实验进行4周后对学生进行问卷调查，学生表示很喜欢这种自由写作的形式。他们认为自由写作可以表达自己的所思所想，抒发真实情感，锻炼快速将思维转化为语言的能力；而且练得越多，写得越快，有助于提高他们写作的信心。学生在评价中也说，自由写作的同时也锻炼了写作流利性，可以更好地将思想迅速转化为语言。

（三）写长法

上述两种方法都是要求学生在限定时间内尽可能多地写作，还有一种方法是不限定时间让学生尽可能地多写。王初明[197-199]提出的写长法让学生在课外就某一话题不限时间尽可能多写，以量变促进学生的语言的质变。写长法的实施首先要注意写作任务的设计。他主张设计符合学生外语水平和生活经历，能唤起学生写作欲望，并能拓展学生外语能力的任务。教师可以集体设计任务，每个教师都提供几个任务，并讨论哪些任务可能是学生感兴趣的。教师可以提供话题让学生自己定题目，或者教师提供读物让学生抒发读后感，或者教师提供图片让学生写出图片中的故事，或者让学生对热点事件进行评论等。学生完成写作任务后，还要对任务打分，教师收集数据作为下一届学生写作任务选择的标准。另外，任务还要不断更新，避免形式枯燥、内容单一。因为是在课外写作，为防止学生抄袭，教师可以采用内容有挑战性的故事和寓言，抹去后半部分然后让学生续写补全。

具体写作时，教师只规定写作的字数下限，不设上限，字数越多越好。学生可自行决定作文的篇幅，但要拿满分，必须达到规定字数。作文计分采用百分制，从四个维度来考查，即作文长度、作文结构、作文内容、语言表达，所占的分值分别为 40%、20%、20%、20%。对于写作中的错误，王初明认为错误是语言进步的阶梯，随着大量接触语言的正面输入，错误会慢慢消失；教师应该关注的是增强学习者的信心和动力，使学生获得更多正确的语言输入并学会运用语言。教师改错的方式应该是"肯定优点，间接改错"，教师可以选择一两篇写得好的学生习作打印出来，人手一份，在课上就文章的立意、结构和语言与学生一起交流，并对佳作中的语病进行详细评析，使学生受到启发。

流利写作的培养方式与口语的培养方式有相似之处，都是鼓励先多产出语言，再提高产出的质量，将语言错误视为语言发展中的必然现象，允许学生试错，产出的质量可以在产出的过程中提高。与流利阅读的培养方式相比，流利写作同样要注意促进写作的兴趣，提高学生的写作信心。当学生感觉到写作的乐趣时，就会更加愿意写，也会努力写得更好。

本章小结

　　本章主要讨论了以下内容：（1）流利阅读。流利阅读包括流利朗读和流利默读两方面。流利朗读在词汇识别和意义理解之间架起了一座桥。提高流利性的方式有反复朗读和持续默读。教师可以利用流利性发展计划来帮助学生发展流利性。在流利性培养中，教师可以利用多种资源，如音乐和戏剧。在进行默读时，教师应让学生养成习惯，给予学生选择的自由，并且陪伴学生阅读。（2）流利写作。流利写作侧重连续的写作，主要体现为写作的速度和自如度。写作流利性的培养分为限时写作和不限时写作两种，教师可以根据学生的水平和写作课长度进行选择。流利写作时出现的错误不是教师的关注重点，教师应更加关注写作的内容。

　　就阅读能力的培养而言，我们已经介绍了如何培养语音意识、词汇、流利阅读，它们都是有助于阅读理解的必要技巧。在下一章中，我们将讨论教师如何在课堂上通过显性教学来帮助学生掌握关于文本和阅读策略的知识，从而提高阅读能力。

第六章 阅读理解：文本和策略

阅读理解是一个创造性的、多层次的、读者与阅读文本互动的思考过程[200]，该过程包括一系列从阅读前、阅读中到阅读后的行为。而依据 Irwin[201] 的定义，阅读理解是读者为达到某一特定目的、利用原有经验与阅读文本建构意义的过程，读者和文本就是这一过程的基本要素。在前几章中我们已经讨论过了读者要素中的动机和词汇知识，本章我们讨论一般文本的结构特征、阅读策略知识及其教学模式。

第一节　文本因素

文本因素包括文本结构和文本特点。本节在讨论文本时将引入体裁的概念，文本经常受其交际功能的驱使，使同类的文本具有相似的结构和特点，对这些结构和特点的认识将有效地丰富我们的阅读图式知识，帮助我们形成有效的阅读期待，进行合理的推测，从而提高阅读理解的能力。

一、什么是体裁

早在 1970 年，R.Fowler 便把语言运用中的体裁看作是社会交际活动的类别[202]。他在《批评的结构和诗歌的语言》（*The Structure of Criticism and the Languages of Poetry*）一文中指出，社会中的交际活动可以精细地分为成千上万种，例如教科书、布道、烹饪手册、抒情诗、小说、新闻广播等。Swales[81] 45-48 认为：（1）"体裁"是交际事件（communicative event）的一种。交际事件指的是那种"语言和（或）副语言起着重要的、不可缺少的作用的交际事件"。（2）交际事件分类的主要标准是一整套公认并共同遵守的交际目的，而不仅仅是语篇在语言形式上的近似性或相同点。一般来说，体裁是实现交际目的的一种工具或媒介语言。（3）体裁的范例可随其原型（prototype）发生变化。（4）体裁的理据对语篇的内容和形式起着制约作用。同一交际社团或同一领域的人都承认并力图遵守这种制约性。（5）人们对交际行为的组织是否得体、是否成功，部分取决于对体裁的掌握和运用的纯熟程度[203]。从社会文化的角度来看，对体裁的理解取决于如何定义和解释体裁使用的环境和目的[204]。

在阅读能力的培养中谈体裁，我们将交际活动限定在书面语篇，将体裁定义为按交际目的而不是按语言形式上的相似点划分的、具有该类语篇主要的内容和形式特点的书面语篇。在真实的阅读中我们会遇到不同的体裁形式，考虑到青少年外语阅读的实际情况，我们将青少年在课堂环境和自主阅读中经常遇到的体裁分为以下四类：记叙文、说明文、议论文、描写文，并从文本结构和文本特点这两个方面对这些体裁进行说明。只有对体裁进行深刻的理解才能够提高阅读理解的能力[205-206]。

要想完全理解文本，读者必须要了解文本结构[207]。文本结构指的是思想的组织方式，以及思想间的关系[208]，不具备文本结构知识的读者在阅读时可能遇到更多的困难，因为他们阅读时缺乏计划；而熟悉文本结构的读者就会在阅读时期待信息以特定方式展开[209]。

除了文本结构外，文本特点尤其是语言特点也会影响理解，例如诗歌的语言运用就会影响读者的阅读期待和阅读效果。而对文本结构和文本特点的掌握也会给读者选择阅读策略带来影响[210]。

二、不同体裁的结构和特点

我们在此讨论不同体裁的结构和特点，只是说明这类体裁具有的原型特点。读者阅读具体文章时，往往还会发现具体文章中的非典型特点。

（一）记叙文

记叙文（narration）经常讲述一个故事或事件发生的经过，故事是记叙文中常见的体裁形式。故事性记叙文通常遵循这种模式：背景的建立、角色的介绍、问题的呈现和主要角色即将面对的冲突。在这之后，作者通常会给主要人物设置一些不得不面对的难题，以此展现激烈的戏剧冲突，把故事推向高潮。然后，设计主角去处理问题或克服困难，最后走向故事的结局。各部分的情节串联起来就形成整个故事，主题或大意随之确立。记叙文一般包含时间、地点、人物、事件等要素，大都遵循出现问题—解决问题—解决结果的顺序[211]。一旦学生懂得了这些模式，他们就可以更好地明确故事的重点和要点。

故事结构中的元素主要包括以下五点。

1. 人物

人物是指故事中的人，或拟人化的动物。当故事围绕人物展开时，人物就是最重要的结构要素。主要人物类似于真实世界中的人物，有很多性格特征，读者经常需要对故事人物的性格特征进行推断以便更好地理解这些人物和故事。人物经由四种方式来表现：外表、行动、对话和独白。

2. 情节

情节是指冲突情景中的人物身上所发生的事件的顺序，它围绕着人物的目标和达成目标的过程而展开[212]141，具体表现为主要人物要达成某一目标，而其他人物阻止他达成目标。最基本的情节可以分成开头、中间、结尾。情节中还包含冲突，吸引读者阅读下去，冲突可以发生在人与自然、人与社会、人物之间以及人物内部。

3. 环境

环境是指故事发生的地方，除此以外还包括天气、时间（既包括历史背景也包括事件发生的具体时间）。天气可以帮助渲染故事的气氛，而故事发生的事件则影响故事的可信度。

4. 视角

故事的描述带有特定视角，这种视角在很大程度上决定了读者对故事中人物和事件的理解[212]192。

视角包括：（1）第一人称视角。以第一人称"我"来讲述故事，叙述者经常是主要人物。（2）全知全能视角。又称上帝视角，能看到所有发生的事，作者告诉读者每一个人物的思想过程。（3）部分全知全能视角。以第三人称来讲述故事，讲述主要人物的思想、感情和经历。（4）客观视角。读者是故事的目击者，但是读者只能了解能看见和能听见的，而不知道人物在想什么。

5. 主题

故事往往具有某种隐含的意义，包含着关于人性的基本事实。主题经常与人物的感情和价值观有关。

另外，作者在叙述时经常会使用一些手法使写作更流畅并让人记忆深刻[212]，表6-1对这些方法进行了总结。

表6-1　记叙文的叙述方法

叙述方法	
对话 （dialogue）	故事中的角色进行对话，作者利用对话推动故事展开，使角色更加生动
倒叙 （flashback）	将故事打乱，把读者带回到故事发生之初，故事中的角色返回到某一特定的时间
伏笔 （foreshadowing）	暗示事件即将发生，使读者建立起期待。作者经常在故事开始时使用伏笔
形象化的描述 （imagery）	使用描述性的单词和短语在读者的头脑中创造出一幅画面，作者在创造形象时使用明喻和暗喻
悬念 （suspense）	故事中的冲突结果因为不确定而让人兴奋。角色在故事中努力推翻一个又一个障碍，作者就在这个过程中间使用悬念
象征 （symbolism）	使用人、地方或物体来代表其他的东西。例如，狮子经常象征勇气，鸽子象征和平，作者使用象征符号来突显故事主题
语气 （tone）	故事的整体感觉，如从幽默到严肃到悲伤。作者通过词汇和其他叙述手段的使用创造语气

（二）说明文

说明文（expository writing）经常用来向读者进行说明，说明的对象可以是事物的异同、事情发生的起因和后果、事物的分类、对比等。

Meyer 将说明文结构分为：（1）描述。作者通过列举特点和例子来描述一个主题。（2）排序。作者使用数字或时间顺序来列举事物或事件。（3）比较/对比。作者解释两个或更多的事物如何相同或不同。（4）因/果。作者描述一种或几种原因，然后描述它们引发的结果。（5）问题/解决方法。作者提出一个问题，然后给出一种或几种解决方案。[213]

不同的说明结构带有不同的标志词，其对应的标志词归纳如下。

（1）描述：for example、for instance、such as、is like、including、to illustrate；

（2）排序：first、second、third、later、next、before、then、finally、after、when、later、since、now、previously；

（3）比较/对比：however、nevertheless、on the other hand、but、

similarly、although、also、in contrast、different、alike、the same as、either/or、in the same way、just like、just as、likewise、in comparison、whereas、yet；

（4）因果：if...then、reasons why、as a result、therefore、because、consequently、since、so that、for、hence、due to、thus、led to；

（5）问题／解决：the problem is、dilemma is、if...then、because、so that、question/answer、puzzle is solved。

（三）议论文

议论文（argumentation）是真实阅读中出现频率较高的一种体裁，作者对某个问题或某件事情进行分析、评论，表明自己的观点、立场、态度、看法和主张。作者写作的目的有三种：说服别人赞同某个观点、设法为某个观点辩护、反驳某个观点，而最主要的目的还是为了说服别人。

这类文章或从正面提出某种见解、主张，或是驳斥别人的错误观点。议论文可以大致分为三个部分：（1）起始部分列举对某个有争议话题的不同观点后作者明确表明自己的观点。（2）正文部分提供大量论据，充分论证作者观点，论据必须是具体的、充足的、准确的、理性的和有一定代表性的。（3）结尾部分再次点明作者在起始部分所表达的观点。[214]

在阅读这类文章时，我们要注意作者是采取什么方法来证明自己的观点的。议论文经常采用归纳法或演绎法。归纳法是从分析个别事物入手，找出事物的共同特点然后得出结论。演绎法是从一般原理出发，对个别事物进行说明、分析，而后得出结论。有时作者还会对所有事实、各个方面进行对照，然后加以分析得出结论，例如先列出错误的观点，然后加以逐条批驳，最后阐明自己的观点。

就语言使用而言，议论文一般使用一般现在时表达观点或进行论证，使用陈述句来说服读者接受作者观点，经常使用长句和复合句，以及较为正式的词语体现议论文的正式性。

（四）描写文

描写文（description）的目的是为了生动地呈现一个地方、一个人或一个物品，描写类文章经常与其他体裁混合使用，例如与说明文结合、与记叙文结合等。描写文经常利用人的感官感受和修辞性的语言，以清晰、生动的方式来呈现人、事物、地方、想法甚至是情感的样子和本质。在借助感官进行描写时，会通过描写人的视觉、听觉、触觉、嗅觉、味觉反应来描述人或物，使读者产生身临其境之感；修辞性的语言是把人的感觉对象转移到其他物体上。

人物描写文主要写人的外表、性格、举止行为和品行等。地方描写文的大致结构为：（1）起始部分，告知描写的地方名称和总体印象。（2）主体部分，描写该地方的具体特征，如人口、风俗、特产、历史等。（3）结尾部分，对这个地方的深刻印象。

在这四种主要体裁之外，读者还可能接触到诗歌，诗歌较常见体裁而言更具有自己独有的特征，例如押韵、意象、明喻／暗喻、拟声、重复、节奏等[210, 215]，在此不展开叙述。

第二节 阅读策略和阅读策略教学

要获得阅读理解，读者必须在阅读时使用多种方法来积极加工文章中的信息、解决理解中出现的问题，这就是策略的使用。本节分为两部分，分别介绍阅读策略的分类及阅读策略教学的实施。

一、阅读策略

阅读策略指的是"读者为了发展对所读内容的理解而有意识地采取的行为"[216]，"有意识的"和"行为"是策略的两个主要特征。Carrell[217]将阅读策略分为整体策略和局部策略，整体策略是指自上而下的信息加工方式，局部策略大多是指自下而上的解码策略。Oxford 提出的学习策略系统中，与阅读策略有关的包括认知策略（总结、解释、预测、分析、使用上下文暗示）、记忆策略（通过重组和联系形成心理概念、语义映射、使用关键词、利用词汇联想等）、补偿策略（类推、阅读中猜测、查阅词典等）、元认知策略（在阅读过程中有目的地集中注意力、自我监控和纠正错误等）、情感策略（阅读者的自我鼓励行为、减少焦虑和激励阅读）、社会策略（阅读过程涉及其他个体、与同伴的合作、质疑、要求修正和反馈）[218-219]。

O'Malley 和 Chamot 根据学习认知心理学过程把学习策略分为元认知策略、认知策略和社会/情感策略三类[220]44-46。其中，元认知策略就是有关认知过程的知识和通过计划、监控和评估等方法对认知过程的调整或自我控制；认知策略就是学习者获得知识和概念的大脑活动过程和策略；社会/情感策略指与他人的互动或对情感的控制。另外，Block 和 Pressley 认为学生还可以在词、句和段落、篇章和知识四个层面上进行积极的思考并监控自己的理解，那么阅读策略可以就此分为词汇策略、句和段落策略、篇章策略和知识策略[221]。表 6-2 对以上分类进行了总结。

表6-2　阅读策略分类

视角	分类
信息加工方式	整体策略、局部策略
学习过程	认知策略、记忆策略、补偿策略、元认知策略、情感策略、社会策略
认知心理学过程	元认知策略、认知策略、社会/情感策略
文本层次	词汇策略、句和段落策略、篇章策略、知识策略

以上的策略分类标准不一,内容也多有重合。例如,Block 和 Pressley 的分类立足于文本本身,对教学有一定的参考作用,可以指导教师如何在词汇、句和段落、篇章和知识层次上检查学生的理解(下文会详细介绍),但是不同的文本层次的理解也需要认知、元认知策略和其他情感/社会策略。Oxford 不考虑文本因素,他从学习策略中选出与阅读相关的策略并进行分类,形成了一个非常宽泛的策略框架,但可能产生阅读策略泛化的倾向,以至于混淆策略的重点。但是,这些分类大大拓展了我们对阅读行为的理解,而对策略的了解越全面,教师就越能从多种角度来理解学生的阅读行为,并选择合适的策略进行培养,因为使用恰当阅读策略的读者能获得更充分的理解[222-224]。

我们同时还需注意,策略的使用存在个体差异,对一个学生有用的策略对另一个学生不一定有用,例如初级阶段的学习者更适合使用技巧为本的策略,而中高级阶段的学习者则适合使用整体理解为本的策略[225];阅读能力强的学习者比阅读能力弱的学习者有更强的元认知意识[226],更多使用元认知策略,在宏观调控与自我评价等策略上都优于阅读能力弱的学习者[227];而即使是阅读能力弱的学习者也使用很多策略,尽管他们使用策略的方式有些随意、没有目标、效果不理想[228]。学生需要在教师的指导下了解阅读策略,知道如何选择恰当的策略和有效地使用策略,以获得充分的阅读理解。

二、阅读策略教学的方式

研究表明,阅读策略教学的实施和阅读策略意识的加强能帮助学生提高阅读理解能力,阅读策略教学的内容主要针对需要培养阅读能力的学习者，让他们学会使用阅读能力强的学习者的策略。关于阅读策略教学的方式，国外策略教学研究主张显性的培养方式（explicit training），即学生被告知策略使用的价值、培养的原则、目的及预期效果等。Taylor 等[104]、Tompkins[229] 和 Oxford[218] 都认为应以显性（explicit）的方式进行策略教学，特别是对于二语/外语学生来说，教师应在课上留出专门的时间，清楚地向学生解释策略及其使用。另外，策略意识也是策略教学的重要组成部分，例如 Chamot 和 O'Malley 强调提高策略使用的意识[230]，Cohen 则把策略教学法分为广泛的技能学习、策略意识培养和策略融入式教学法三种[231]。当前比较主流的培养方法以显性教学法和融入式教学法为主。

因为阅读理解并不是由单一策略组成的孤立的过程，而是由一系列有意识的、元认知的过程组成的网络，因此一节课中可以练习几种策略，以帮助学生学会产生意义的理解过程。同时，在一节课中练习几种策略，还可以让学生把自己的理解看成一种统一的自我控制的能力[232]。例如，记录自己预习、预测、提问、识别词汇、识别篇章结构和特征的过程，并促使学生积极理解作者的目的，进行批评性思考，创作思维图。研究表明如果表格中包含的理解过程较少，实施效果可能会提高[221]230。还有一种同时使用多种策略的方法适用水平较低的读者，这种方法要求学生在笔记上写下对阅读过程的想法。具体操作方式是教师在文本中挑选三个重点位置粘上卡片，卡片上以要点形式注明涉及的阅读策略，如阅读目的、推断、结论等，而这些策略都是熟练读者会在此处用到的。通过提醒阅读能力弱的学习者在重点位置使用这些策略，他们就可能养成使用策略的习惯，并提高阅读理解水平。

关于策略教学的模式，研究者也进行了一些实验，例如 Chamot 和 O'Malley 提出的二语/外语学生认知学术语言学习法（Cognitive Academic Language Learning Approach，简称 CALLA），包括准备、呈现、练习、自我评价、扩展和测试六个环节，在内容学习的过程中融入策略学习[230]。Palincsar 和 Brown 针对一语阅读困难的学生进行了相互教学（reciprocal teaching）尝试，学生和教师轮流主导讨论文本中的相关特点，教师先示范引导学生如何以更复杂的方式与文本进行互动，然后学生再仿照教师的方式与文本进行互动。参加实验的学生在文本总结和问题回答上都有显著进步[223]。Carrell[217]进行了二语阅读元认知策略培训，她使用了语义图（semantic mapping）和经验 – 文本 – 关系方法（Experience-Text-Relationship Approach，简称 ETR）来进行元认知培训。教师在培训中主要引导学生找到答案，而不是直接给出答案。

国内进行阅读策略教学实验的主体是大学英语教师[233-236]，这可能和大学生语言水平和认知水平的发展有关，教师采取的方法也是以教师显性讲解为主，基本上遵循教师讲解—学生练习—应用（阅读或写作）的模式。也有中小学英语教师进行了尝试[237-238]，在培养中小学生的阅读策略时，教师主要依据学生的不同年龄（小学、初中、高中）和阅读过程的不同阶段（读前、读中、读后）来实施策略教学，在单项策略的教学上注意将策略分解成子技能加以练习。

综合以上分析，在阅读策略培养时，我们推荐采用显性教学方法，而且因为教学对象是青少年外语学习者，教师尤其要注意自己的示范行为，展示如何就不同阅读类型和任务进行思考以获得理解。Taylor、Harris 和 Pearson 为我们描述了一种支架式的教学方法用于策略教学[104]41-42，步骤描述如下。

1. 示范

教师开始教授新策略之前就如何使用该技巧进行示范，教师经常会像有声思维（think-aloud）一样说出他将如何实施这一技巧，与学生分享自己成功的认知秘密。在这一步时，教师强调技巧的 what 和 how 方面。

2. 引导练习

在这一步，教师和学生共同对策略使用的新情况进行练习，学生与同伴分享他们如何解决某个问题，为什么他们拒绝选择某个答案而选择其他答案，他们发现哪个部分很难理解以及为什么很难理解。教师在这一步的作用是为学生公开分享的认知秘密提供反馈和鼓励。当学生被难住或没有回应时，教师必须进行干预，教师要重新承担起部分责任，与学生一起完成任务。

3. 巩固

教师在这个阶段的任务是帮助学生发现他们目前对策略了解多少以

及如何应用策略。教师可以设计一些想象的情景，然后让学生思考他们什么时候以及为什么要采用该策略。在这个过程中教师无意识地开始了阅读教学中的元认知层面的培养，学生开始意识到自己的文本理解过程并进行控制。

4. 练习

在这一阶段，学生完成阅读习题，必须要负起全部责任来独立使用该策略。在起初的练习中，教师需要就学生的困难和学生的答案给出反馈。在此过程中，对策略使用毫无头绪的学生能从其他学生的汇报中大为受益。学生在练习之后还会有讨论，教师和学生就策略的内容和如何应用进行回顾。

5. 应用

应用是关键的一步，却经常被忽略。在这一步中，教师要求学生在阅读基础读物和教材时应用策略。学生在阅读材料中寻找策略技巧应用的场景，寻找含有或不含主要思想的段落，寻找表示想法或事实的句子，寻找清晰或不清晰描写事件顺序的例子。应用还有一个很重要的特点就是展示阅读技巧或策略如何在不同的语言形式中发挥作用，例如写作或听力。在应用阶段，教师需要强调何时以及为什么使用该阅读策略，因为学生需要把练习过的策略应用于真实的文本。

在这一阅读策略教学模式中，教师的指导和责任在每一阶段都有变化。总的来说，教师责任由大变小，而学生的责任由小变大，责任由教师逐渐移交给学生。另外，教师并没有唯一正确答案，而是在与学生的讨论中共同寻找答案。在学校共同体中，师生都要乐于分享自己的策略秘密，而且需要进行非常详细的分享，让几乎没有经验的人也能听懂。阅读任务的完成形式是灵活的，不存在唯一正确的方式。教师在衡量学生阅读策略变化时要注意，学生的进步主要是看他在解决某一问题时需要多少支持，而不是看他在某一测试中的分数或是否通过考试来衡量。教师要有足够的耐心等待学生学会使用策略，并且相信当学生能正确使用策略时，学生的阅读能力一定会提高。当学生经过一段时间的培训，能够熟练使用策略后，教师就可以跳过前面几步，直接进入练习和应用阶段，而此时教师的主要任务就是强化学生的策略意识，利用讨论或是包含思维框架的图表来帮助和促进学生使用策略。

三、阅读策略教学的内容

阅读策略教学的内容分为两部分，首先介绍 Block 和 Pressley 基于文本层次提出的促进积极思考的理解性问题，然后介绍常见的阅读策略及其培养方式。

（一）理解性问题

Block 和 Pressley 的策略分类框架以文本层次为基础，以问题的形式来提示和检查读者对文本的理解，帮助学生成为独立的阅读者[221]227，这些问题对于阅读教学有一定借鉴意义，在此进行详细介绍。他们认为学生在阅读的过程中可以以自我提问或回答问题的方式来帮助理解，提问围绕以下四个方面展开：理解词汇、理解句子和段落、充分理解文章、形成和使用知识。

1. 理解词汇

（1）我能不停顿地、流利地读出文中的词汇吗？

（2）我能使用背景知识获得词汇的含义吗？

（3）这个单词的意思对吗？

2. 理解句子和段落

（1）这句话有道理吗？

（2）我能回忆起读过的内容吗？

（3）我能通过选择、删除、压缩、综合关键信息来找出每段中最重要的观点吗？

3. 充分理解文章

（1）我能看到角色、场景和动作吗？

（2）我能调动感官图像在头脑中形成一个电影吗？

（3）我能使用语法和语篇特征分析出作者的思路吗？

（4）我能总结出作者的写作风格吗，能够明白信息呈现出的比较 / 对比、描述、问题及其解决办法、因果或顺序模式吗？

（5）我能通过浏览标题、小标题、图片，把新知识与原有知识联系起来，解释、预测和更新我的知识吗？

（6）我能使用总结性词汇概括文章大意，确保总结包含文中的信息而且没有重复吗？如果不能，我是否需要重读一遍？

（7）为了获得更清楚的理解，我需要重读文章吗？

（8）我对文中涉及的概念还有问题吗？

（9）我能使用"W"和"H"问题①，对文本中的信息提问吗？

（10）我能通过完善文章中的细节或阐述我读过的内容来进行推理或在头脑中产生图像吗？

4. 形成和使用知识

（1）我现在的知识与读前有什么不一样？

（2）在文中提到的领域我需要学习更多的知识吗？我该怎样计划去学习这些知识？

（3）我是否能把文中的观点与我从其他文本中获得的知识以及一般词汇知识联系起来，同时还能保证这些联系没有分散我对文本的注意力？

（4）我是否使用了文化知识来理解和运用我阅读的内容？

以上这些问题全面而清晰，可以供教师参考如何在不同文本层次检查学生的理解，并以此为基础促进学生的理解，但是这些问题没有对学生的语言水平进行区分，大多属于深层次和整体性问题，适用于水平较高的学习者；而对于外语学习者尤其是初级和中级水平学习者来说，他们的问题可能更多集中在词汇和句子层面。

我们在此区分"阅读策略"和"阅读技巧"两个概念，Afflerbach 与 Pearson 认为二者的区别在于阅读技巧与实现流利、轻松、准确的目标相连，技巧的实现需要读者跨越不同情境，以相同的方式进行练习和使用；读者使用阅读策略就是想要很好地控制阅读过程、做出恰当的决策、根据环境进行调整[239]。技巧属于字面的理解，有对错之分。除了阅读策略外，读者还需要熟练运用阅读技巧来获得理解。目前，阅读技巧似乎成为我国外语阅读教学和测试的主要内容，例如识别词汇、推测词义、跳读/略读、理解指称、区分事实和细节、区分主要观点和支持细节、因果配对、细节排序等。我们在此不讨论阅读技巧，而只关注阅读策略教学，因为

---

① "W"问题指首字母为w的问题，即what、who、when、where、why；"H"问题指how引导的问题。

目前策略教学并未得到充分的关注，需要在阅读教学中进一步加强。

下文讨论的阅读策略包括：激活背景知识（activating knowledge）、预测（predicting）、推理（making inference）、决定重要性（deciding importance）、联系（making connections）、提问（questioning）、监控（monitoring）、总结（summarizing）、评价与反思（evaluation and reflection）、视觉化（visualizing）和识别作者意图（finding purpose）。在介绍每一项策略时，我们会给出使用该策略的建议，并提供策略教学的组织图表供读者参考。

（二）具体阅读策略教学

1. 激活背景知识

学生阅读时总是带着自己的背景知识去进行理解，当一个人理解文本时，背景知识必定会以特定的方式与文章单词的字面意思融为一体，并根据这篇文章所隐含的内容构建一个连贯的整体。一个人阅读能力的高低往往就体现在利用背景知识构建情景模式的能力上。教师可以提出一系列的问题激活学生的背景知识，说出自己对文本的期待，或是引导学生完成 K-W-L 表格[240]（表6-3）。K（know）是指学生对一个话题了解了多少知识。在此讨论中，学生原有的知识被激活，不同的观点和经验聚集到一起。接着，根据汇集的观点和知识，学生制订出需要去调查的关键问题 W（what），这些问题会鼓励学生去计划阅读并监控阅读中的理解过程。L（learn）是指学生学到了什么以及阅读后仍然需要学什么。在激活背景知识时，学生填写 K-W-L 表格中的 K 项和 W 项。

表6-3　K-W-L表格

Topic（话题）：	
K（what you know about the topic） （我对话题已有的了解）	
W（what to investigate in the current reading） （我想在阅读中了解的内容）	
L（what you have learned and still need to learn） （我从阅读中学到的和仍需学习的知识）	

激活背景知识的方式还包括使用图片收集与话题有关的现有信息，欣赏与话题内容相关的歌曲、视频，以文中的关键单词或重点语法展开活动[241] 111-112。

如果要学的是一篇有关蜘蛛的说明文，学生对蜘蛛的背景知识的差异可能特别大。教师可以先在学生中收集关于蜘蛛的信息，帮助学生搭建起一个知识框架：外形、习性、生活环境、与人的关系等，教师提供silk、web、worldwide、habitat、species、predator 等与蜘蛛有关的词汇。针对有些学生对这类动物有恐惧心理的情况，教师还可以考虑利用电影《夏洛特的网》中的相关视频激发学生对蜘蛛的兴趣。

另外一个有趣的方法是轮流思考，让学生开动脑筋思考他们关于某话题的所有知识。例如，如果阅读的内容是讨论动物的交流方式，教师可准备五张大大的白纸，分发给五个小组，每个小组在纸上写上一种动物的名字和对此种动物交流方式的认识，然后把自己小组的纸交给相邻小组，同时接收其他小组的纸，并在其他小组已经写下的信息旁边补充新信息，在对不正确或不确定的信息旁边打上问号。当各个小组再次拿到自己原先的那张纸时，要重新阅读所有信息，并对有疑问的信息做出回应。

2. 预测

预测发生在阅读之前和阅读过程中。在激活背景知识之后，读者就应该对文章内容进行预测。在阅读的过程中，在文中关键的位置，读者也需要预测接下来会发生什么。学生必须明白阅读即思考，从我们拿起一本书的时候开始，我们便开始进行预测，通过看书的封面、书名以及图书简介来预测书的内容、自己的兴趣和渴望阅读的程度等。同样，浏览一本杂志或者一份报纸时，通过看图画、新闻提要和各种小标题，我们很快就决定是否要阅读，这本书或这篇文章能否增加我们的知识、给我们带来娱乐、提供我们需要的信息。

教师可以使用结构关系图来表示预测知识与学习知识的关系，阅读一篇课文之前，让学生去思考他们已经了解到的关于某个话题的知识，然后填写相关概念图表（表6-4），把他们所了解的与该话题相关的知识填入表中。阅读后再把新获得的关于该话题的知识填入表中，看看自己对话题的认识是否全面，是否获得了新的知识。

表6-4 概念关系表

Comparison and Differences（比较和差异）

Understanding before reading（阅读前的理解）：
Understanding after reading（阅读后的理解）：

　　教师在培养学生进行内容预测时，可以先进行示范，使用有声思维的方式说出自己的思考过程，说出自己是如何对文章内容进行预测的，帮助学生理解这一思维技巧的重要性，然后再让学生做出预测。例如，看到题目 *How Do Animals Communicate?* 和文中出现的动物图片时，教师可以这样引导学生进行预测。

　　— "Can animals communicate？"

　　— "Yes, I know many animals can communicate, like cats, dogs, ants, bees, dolphins, etc."

　　— "Do animals communicate in the same way as humans？"

　　— "No, they communicate differently from humans. They don't use language."

　　— "I guess this passage is about the different ways animals communicate. At the same time, humans can learn from animals. This passage is probably about this."

　　另外，教师还可以从课文中选出若干个既可以帮助评价学生的背景知识，又能激发他们阅读兴趣的句子或观点（年龄较小的学生可适当减少），然后让学生把这些句子写在笔记本上，在这些观点的两边设有一栏用于判断对错（T/F），左栏在阅读之前填写，右栏在阅读之后填写（表6-5），学生要根据自己的背景知识来对这些观点进行判断。

表6-5　阅读预测表

T/F		T/F
——	（1）Scientists are very interested in animals' ways of communication.	——
——	（2）Animals communicate in different ways.	——
——	（3）Dogs and mice communicate in different ways.	——
——	（4）Some animals use sound to communicate.	——
——	（5）Usually，the "gentlemen" make sound to invite the "ladies".	——
——	（6）Animals' sound can travel longer than human's.	——
——	（7）Animals don't use body language.	——
——	（8）Humans don't understand animals' language.	——
——	（9）Animals communicate differently from humans.	——
——	（10）Animals and humans can communicate with each other.	——

预测还可以以小组为单位进行，教师从课文中找出大约8~10个能反映文章主旨的短语，把每个短语写在一张卡片上，如果有5组，就做5套这样的卡片。每一组拿到卡片后要一起讨论短语之间的关系，用这些短语写一段有关文章主旨的话。然后，请每一组派代表到台上朗读这段话，读完后，全班再一起评价哪一组的预测最准确。这个活动会极大激发起学生积极预测文章内容的兴趣。

除了对文章的内容和结构进行预测外，我们还可以根据文章的语言、版式、插图等信息对文章的出处进行预测，例如轻松活泼的图文可能来自少年杂志，内容严肃的文章可能来自报刊和杂志专栏。这种预测会决定我们的阅读目的和方式。

当教师带着年龄比较小的学生使用大书或利用大屏幕进行分享阅读（shared reading）时，教师可以在故事的关键位置引导学生预测故事的走向。对于具有一定写作能力的学生，教师可以要求学生在关键转折处旁的空白处写下自己的预测。

3. 推理

推理是整体理解过程的中心[242]，也是意义建构的黏合剂[243]。它指的是根据背景信息和文本已有信息产生假设、做出预测、形成结论的过程[244]。

推理可以分为两类：因果推理和关系推理。例如，读"David did not feel well. He had eaten five hamburgers, eleven cookies, and three ice cream cones at the school fair." 时，读者需要得出结论：David 不舒服是因为他吃多了，这属于因果推理。关系推理要求读者整合不同句子的信息。例如 "Molly sat at the kitchen table doing math problems. She could hear the TV. It was her favorite show. Morgan sighed and went on working."，读者则需要推理 Molly 正在做家庭作业，电视不在厨房，而 Molly 想要看她最爱的电视节目。

研究证明，当教师示范如何进行思考、提出假设并得出结论时，学生的推理能力也能得到提高[104]。Tompkins 介绍了四步法来教学生如何进行推理：（1）激活与话题有关的背景知识；（2）阅读时寻找作者给出的线索；（3）提出问题，把背景知识和作者的线索连在一起；（4）回答问题并做出推理[229]263。

为了更加清晰地展示推理的过程，教师可以画出表格要求学生填写（表6-6）。

表6-6 阅读推理表1

Background knowledge （背景知识）	Clues in the story （故事中的线索）	Questions （问题）	Inferences （推理）

在"背景知识"一栏，学生可以填入对话题的了解和对词义的认识。在"故事中的线索"一栏，学生应该填入文章中所出现的信息。在"问题"一栏，学生应填入对作者或对内容提出的问题。在"推理"一栏，学生应根据背景知识和文本信息做出回答。对于年龄较小的学生，教师还可以设计更加清晰直观的推理表格（表6-7）让学生填写。例如，文中写道"My mother hid my little sister and me under the bed."，学生需了解发生危险时可以躲在床下，从而推理出"She doesn't want them to get harmed by the soldiers." 和 "The girls are probably very frightened."。

表6-7 阅读推理表2

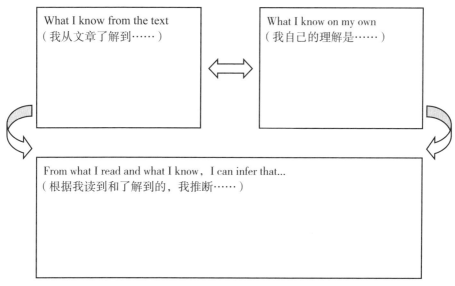

在阅读与人物有关的文章时，学生还需要结合人物的特征、行为、对话来对人物进行推理，理解作者的想法和意图（见表6-8）。学生在中间的 Character 一栏填上人物姓名，在 Traits 一栏填上人物的性格特征，特征有时需要学生自己总结，如 kind、careful 等，Actions 和 Dialogue 都来自文章中的相关描述，My thoughts 就是结合这三方面做出的推理。

表6-8 阅读推理表3

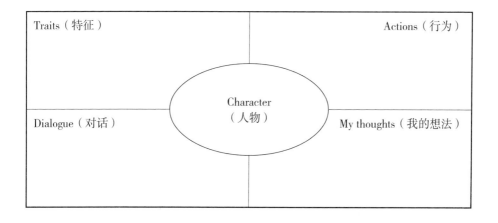

4. 决定重要性

因为无法记住文本中所有的信息，读者必须学会分辨重要和不重要的信息，这一策略对于总结文章大意非常重要。Afflerbach 发现阅读能力强的学习者以三种方式完成这一任务：首先，他们使用一般知识和专门知识来理解并评价文本内容；然后，他们利用作者的偏好、意图和目标来决定信息的重要性；最后，他们使用文本的结构知识来帮助自己确定并组织信息[245]。文本的结构知识对于帮助读者分辨重要信息和次要信息、组织和回忆信息来说特别重要，能够识别和使用文本的上层结构的读者似乎能回忆起更多的信息[246]，而显性策略教学能提高学生在这方面的表现[247]。

5. 联系

学生在阅读时，需要将阅读文本与自己的经验、真实世界或者其他的阅读文本联系起来[248]，如表 6-9 所示。

表6-9　阅读关联表

Making Connections（进行关联）	
text to self （文本与自我）	It reminds me of a time... （它让我想起有一次……）
text to world （文本与世界）	It reminds me of something in the world... （它让我想起一件事……）
text to text （文本与文本）	It reminds me of a book... （它让我想起一本书……）

在将文本与自我联系时，学生把文本中的想法与自己生活中的经历联系起来，形成个人联系，因为虚构文本中的故事或人物可能会令读者想到自己生活中的人或事，而非虚构文本中的信息可能会令读者想到自己过去的经验。在文本与世界的联系中，学生把文本信息与他们已有的知识联系起来。在文本与文本的联系中，学生把文本或文本中的元素与自己读过另一文本、另一电影或者电视节目联系起来。文本与文本的联系需要更高一级的思考，这要求学生要有足够的阅读量和文学知识。教师可以要求学生填写阅读关联表，引导学生进行关联性思考。

6. 提问

有些学生在阅读时并不知道自己是否真的理解了文本，他们通常缺乏监控理解的能力，教师可以让学生使用提问策略来检查自己的理解。问题可以由教师提出，也可以由学生自己提出。当学生使用提问策略时，他们与文本的联系就会更加紧密，也更想继续阅读找到问题的答案。教师同样应该先示范如何提问。提问包括一般问题和具体问题，如果学生对自我提问还不熟练，就可以先尝试提出一般问题，再发展到具体问题。例如，对 *Snow White* 这篇故事记叙文，可以用这样的问题来检查理解程度（表6–10）。

表6–10   阅读提问展示表

Story Elements （故事元素）	General and specific questions （一般问题和具体问题）
character （人物）	GQ：Who is the leading character? （谁是主要人物？） SQ：Is the story about Snow White and the Queen? （这个故事是关于白雪公主与皇后吗？）
goal （目的）	GQ：What is the leading character trying to accomplish? （主要人物想要完成什么目标？） SQ：What does the Queen try to accomplish in the story? （在这个故事里，皇后想要完成什么目标？）
obstacle （困难）	GQ：What obstacles does the leading character encounter? （主要人物遇到了什么困难？） SQ：What does the Queen do to kill Snow White? （皇后想了什么办法来杀死白雪公主？）
outcome （结果）	GQ：Does the leading character reach his or her goal? （主要人物达到自己的目标了吗？） SQ：How does Snow White survive? （白雪公主如何活下来的？）
theme （主题）	Why did the author write this story? （作者为什么写这个故事？） What did the writer want to show us? （作者想要向我们表达什么？） What do you learn from the story? （你从故事中学到了什么？）

同时，学生还应该明白问题会影响对文本的理解，如果提出的问题是表面问题，那么理解就是表面的；如果提出的问题是推断类、批评类或评价类的问题，那么学生的理解就会更为深入。提问还有另一种形式，即学生向教师发问，师生之间进行互动提问。

教师告知学生他们要学会自己提出问题以解释阅读材料，这些问题经常是以 why 和 how 引导的，而不是以 what、where 或 when 引导，学生要进行推理和解释。教师告知学生如果他们能提出解释性的问题，他们对材料的理解就会提高。接着，教师可以介绍词汇并问一些问题来激发学生的阅读动机，学生读材料并回答这些问题。每次学生正确回答一个问题，学生可以向教师提一个问题，教师回答后再接着向学生提问。学生通过观察和模仿教师的提问学习如何提出好的问题。

7. 监控

优秀的读者在阅读时能更好地监控、控制并调整自己的策略使用。监控的目的包括：（1）知道自己理解的质量和程度；（2）当发现理解出现问题时知道做什么以及怎么做。Harvey 和 Goudvis 认为监控就是读者在头脑中与文本的对话[248]。

读者经常会问以下这些问题：（1）我阅读的目的是什么？（2）这本书我独立阅读是不是太难了？（3）我需要读整本书还是读一部分？（4）这本书的体裁有什么特殊的地方？（5）作者是如何使用文本结构的？（6）作者的观点是什么？（7）我理解所读词汇的意义吗？[249]

教师可以使用有声思维的方式向学生展示如何监控自己的理解。当学生感到迷惑、乏味，不能记住所读内容或没有提问时，他就需要解决这些问题。有时需要返回重读或是继续阅读，试试提问或使用其他有帮助的策略或技巧，例如查生词意思，分析难句的结构，了解不熟悉的话题，或者是向他人请求帮助。

8. 总结

总结（即总结大意）要求读者在文本信息中进行筛选，分辨重要信息和次要信息，然后把这些信息综合起来生成一个新的连贯的文本，这个文本要能够代表原来的文本。总结大意需要分三步进行：（1）选择一些信息同时删除一些信息；（2）压缩一些材料并替换上级概念；

（3）将材料整合形成一个连贯而准确的文本来代表原来的文本[250]。总结策略的培训能有效提高阅读理解能力[251]，Palincsar 和 Brown[223] 将它放入了元认知策略培训包。

　　总结大意是非常困难的策略，教师可以有意识地将其分解成更具体、可操作性更强的子技能来加以落实，融入内容学习中。首先，明确文章的主体（或者对象），即找出整篇文章谈论的话题是什么；然后，分析文章从哪些角度来对主体进行描述或者介绍，把握每一段的大意；最后，把主体和各个角度进行综合，并运用合理的语言结构简明扼要地表述出来。教师还可用图示、公式等直观方法将技能程序显性化，使思维过程可视化，给学生提供"主体＋角度"的基本公式，并以图示表达出来（见图 6-1）。然后，在培训过程中教师再要求学生把从文章中找到的要素填入图 6-1 的相应位置。在学生逐渐变得越来越熟练的过程中，他们从不断成功的经验中获得鼓励和自信[238]。

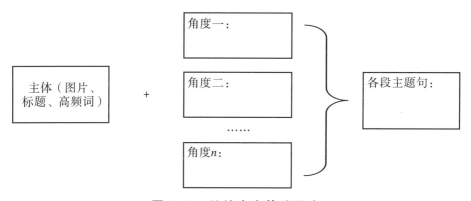

图 6-1　总结大意策略图式

　　对于年龄较小的学习者，当他们在总结事件／故事类文章时，教师还可提供提示语帮助他们进行总结，例如：

　　Somebody...（主要人物）

　　Wanted...（主要人物的目标）

　　But...（主要人物遇到的困难）

　　So...（主要人物如何解决困难）

　　Then...（主要人物做了什么去解决困难）

这五个部分可以组成一幅"五指图"，作为总结大意的提示工具。

9. 评价与反思

读者需要反思自己的阅读经验并对正在阅读的文章做出评价，这一策略需要在整个阅读过程中使用。从拿到书或文章的那一刻起，读者就需要判断自己是否解决阅读中出现的问题，他们需要判断以下几个与自身有关的方面：（1）材料是否很容易阅读？（2）背景知识是否充足？（3）阅读策略使用的情况如何？（4）自己如何解决阅读问题？（5）自己阅读时是否有兴趣并保持注意力？

除此之外，读者还需要判断以下几个与文本有关的方面：（1）自己是否喜爱文本？（2）如何看待作者的观点？（3）从文本中获得了什么知识？

反思同样发生在整个阅读过程中。反思是指利用文本以外的知识、想法和态度来把文本中的信息和个人自身的概念和经验框架结合起来，参考自身的经验和知识来比较、对比和做出假设。要进行反思，读者必须能够对文本已表达的和想表达的内容进行理解，再根据他们原来知道的或相信的信息，或其他文本中的信息来验证文本信息。读者需要根据文本中的支持性证据来与其他来源的信息进行对比，并对一般知识和具体知识以及抽象思维能力加以利用。

以下问题属于对文本内容的反思：

（1）Have you ever experienced the same thing as Jack has?

（2）How is Jack's experience different from yours?

（3）Do you agree with what the writer says? Why or why not?

（4）Do you think what the writer says is true?

为了促进学生的反思，教师可以鼓励学生做两栏笔记，填写内容反思表（表6-11），第一栏为"作者的观点"，第二栏为"我的观点"，让学生时常反思文章的内容，确保定期让学生有机会分享他们的看法与笔记的内容。

表6-11 内容反思表

Author's Opinions（作者的观点）	My Opinions（我的观点）

10. 视觉化

　　读者在阅读时、在阅读之后，需要根据所读的内容在头脑中把语言编成图像，重现文本的内容，当读者能够将阅读内容以图像的方式重现时，说明读者完全理解了所读内容。学生在阅读完一篇故事记叙文后，教师可以要学生闭上眼睛想象一下整个故事，假设自己处在自己创造的场景中，或成为自己阅读的故事中的某个角色，还可以让学生根据文中对主要人物或场景的描述画出他们最喜欢的人物或相应场景。学生在阅读完一篇说明文后，教师可以要求他们画出一些图表或流程图表示事件发生的顺序，对事物特点进行比较，并画出重点描述的物体的形象图。

11. 识别作者意图

　　作者写作总是带着一定的意图：抒情、建议、批评、赞扬、同意等，有的意图表达得明显，有的意图表达得隐晦，而即使是看上去中立的新闻语篇也夹杂着作者的意图，需要读者自己去发现。真正的理解包括成功识别作者写作的意图，并能够对作者的意图进行恰当的回应。识别作者意图不仅能帮助学生强化读和写之间的联系，而且能帮助学生了解如何在读者和作者两种身份之间进行切换。

　　在引导学生识别作者的意图时，教师可以先让学生回忆一下如何在自己的写作中表达意图。然后，教师引导学生阅读某一自传的片段，帮助学生发现细节的选择、视角和焦点的选择、关键意象或词汇的重复都能表达意图[252]。最后，学生一起总结出描写童年经历可能具有的意图："准确记录过去事件，拿过去的经历开玩笑，试图找出自己的真正身份、承认错误……掩饰自己的真正性格、表扬别人、给读者灵感或建议……抹除自己痛苦或不愉快的经历、直接记录过去发生的事情、为自己辩护、创造一个新身份……讲一则轶事或说一个好故事。"[252]学生总结的意图虽然有重复，但是这种对意图的明确表达可以帮助理解并作用于自己的写作。在这一策略的教学中，让学生自己识别作者意图并找出意图实现的方式非常重要，这能让学生把自己的读写经验与阅读材料紧密结合起来。

　　策略教学需要注意两点：第一，阅读策略关注的是过程，不是结果。因此教师对学生进行阅读策略培训并不只是让学生去完成练习，理解发生在真实的阅读过程中，学生是否积极理解要看他们阅读时的反应，而不是看阅读后是否正确回答问题（有时候没有理解也能正确回答问题）。尽管练习和阅读后的理解问题可能帮助学生为标准测试做好准备，但他们仍然可能无法建立起积极的理解过程，这正是学生需要内化并永远使用的。内化的关键在于学生每天在语境中练习这些理解过程，而这样的练习需要持续数年。第二，策略教学不能和内容教学分开，我们不提倡以策略为目的的教学。策略是为了帮助理解内容，策略为内容学习服务，外语学习者在使用策略的过程中实现"read to learn"（通过阅读来学习）的目的，而且研究也发现，以内容为目的的阅读理解教学的效果要显著优于以策略为目的的阅读理解教学[253]。

上文对 11 种阅读策略的培养一一进行了讨论，但在真实阅读时，读者往往会同时使用几种策略，有时还需要使用阅读技巧。阅读策略的教学一般出现在精读教学中，即通过对代表性文章的多次阅读和分析，掌握文本的形式特征和内容，回应文章中的观点和问题，并对文章进行评价。下文以一篇说明文为例介绍如何结合阅读策略进行精读教学，教师可以让学生先进行第一遍阅读，学生一边阅读一边对文章进行标记，把不懂的、觉得重要的、感到很特别的地方用符号标记出来，例如不懂的地方可以用"?"标记，重要的地方可以用"★"标记，感到很特别的地方可以用"!"标记，还可以把进行关联的地方用"C"标记，进行视觉化处理的地方用"👀"标记，喜欢的地方用"❤"标记。初学者不要求一次性学会使用所有这些符号，每次掌握 3 个左右就好。第一遍阅读结束后，教师使用圆圈图（图 6-2）帮助学生掌握主旨和细节。

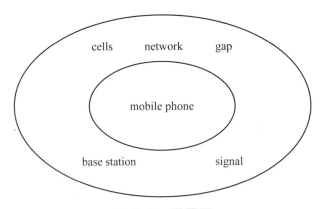

图 6-2　圆圈图

这是一篇介绍手机通讯工作原理的说明文。如图 6-2 所示，教师在圆圈图的中间写上文章的主题 mobile phone，然后问学生在完成第一次阅读后对 mobile phone 有哪些了解，把关键词一一写在外部的大圆圈里。通过完成思维导图，学生就可以了解文章的主旨和细节。接着，教师帮助学生处理词汇问题，除了对文中的生词进行处理外（可以参考第四章词汇教学），教师还应注意科技说明文中的词汇层次。词汇可以分为三种：（1）基础词汇（比如日常生活中会用到的词，如 small）；（2）学术词汇或多义词（比如 cell 既指细胞，又指蜂房中的巢室，还可指电池）；（3）特殊学术词汇（只有在特殊的学科才会出现的词汇）[254]。词汇的使用也能帮助识别作者的意图。教师向学生解释这三种词汇的分类，然后让学生找出文中的关键词进行学习。例如，在 "...a mobile phone network can't survive without this kind of cells..." 一句中，作者使用的 survive 一词属于第二层次，有"幸存"之意，作者希望通过使用该词把抽象的手机工作原理与学生的日常经验联系起来。

学生第二次阅读后，教师问学生 "How does your mobile phone work?"，要求学生从文章中找出更多的动词，添加到图 6-2 中，如 pick up（signals）、（for a mobile phone network to）work、reach（your mobile）、touch 等，并让学生围绕关键词完成句子。

Mobile phone companies <u>divide</u> countries into cells.

Each cell has a base station that <u>sends and picks up</u> signals to your mobile phones.

Cells need to be <u>touching</u> each other for the network to work.

Your mobile doesn't work in any <u>gaps</u> between the cells.

完成词汇加工后，教师要求学生找出文章中进行类比的表达，并帮助学生扩展类比表达短语，如 in the same way、just like、just as、likewise。

学生第三次阅读后，教师要求学生画出 mobile phone 的工作原理图，图中需包含 cell、network、base station、gap，并用小标签和箭头对原理图进行补充说明。在学生动笔前，教师提醒学生注意文中的插图，让学生思考如果没有插图，文章是否更难理解，然后利用文中人体细胞的插图向学生展示人体如何通过细胞工作，同时扩充与人体细胞有关的词汇，如 unit、tissue、vessel、transmit、oxygen 等。

上文简单介绍的教学设计中，教师引导学生通过多次阅读以达到对文章的深层理解。另外，因为是科技说明文，所以尤其关注词汇的学习。第一次阅读时，教师可以要求学生在书上标出"!""?""C"来表示感到特别、不理解和进行关联。第一次阅读结束后，教师可以让学生在小组中交流新知识，解决各自心中的一些疑问，分享经历。接着，全班一起总结出文章主旨，教师进行词汇介绍，引发学生对词汇使用和作者意图的注意。第二遍阅读时，学生应用学到的词汇知识来理解文章，同时收集同类词汇，形成词汇网络，并对文本中的类比标志词进行学习和扩展。第三次阅读后的任务应该是最复杂的，仍然遵循教师教—学生做的顺序，教师先示范，学生再根据规定的元素进行创作。学生的创作可以贴在展示板块让学生互相学习。

四、小组阅读活动的组织

上文介绍阅读策略教学都是以教师显性讲解为主，将策略与阅读内容结合起来，以策略的学习和应用促进阅读理解。而在实际课堂中，小组活动也是常见的组织形式，例如让学生成立读书俱乐部，以小组为单位讨论文章，分享自己对文章各个方面的理解和认识。在此介绍两种小组活动形式，让学生能有机会实践不同的阅读策略，并观察他人是如何实施策略的。

（一）阅读圈（reading circle）

阅读圈又称文学圈（literature circle），是一种培养学生阅读习惯、享受阅读的方式[255]。阅读圈包含六种不同角色，角色分配和描述如下[256]：

1. 讨论组织者（discussion organizer）。将文章读两遍，准备至少 5 个一般问题；问一两个问题来开启阅读圈的讨论；保证每个人都有机会说话并加入讨论；让每个成员把收集的信息呈现出来；引导讨论，保证讨论顺利进行。

2. 总结概括者（summarizer）。读文章并就人物、事件、观点做笔记；找到每个人都必须知道的、用来理解和记忆故事的关键点；用一两分钟简单复述故事；向小组复述故事。

3. 实际生活联结者（connector）。读文章两次，找到文章与外部世界之间的联系；记下至少两个文章与自身经历有关的，或与朋友和家人经历有关的，或与真实事件有关的联系。向小组汇报自己找到的联系，请小组成员点评或提问；询问小组成员是否可以找到其他联系。

4. 单词大师（word master）。在文章中寻找新的、不好理解的、重要的单词或短语；找出 5 个对文章非常重要的单词；用简单的英语向小组成员解释这些单词；告诉小组成员为什么这几个单词对理解文章意义非常重要。

5. 篇章解读者（passage person）。读文章，找出重要的、有趣的或难的段落；对至少 3 段文章做笔记，这些段落或是对情节发展非常重要，或是对角色做出解释，或是包含有趣的或重要的语言（重要的语言有时是一段，有时是一两句话，有时是一个对话，挑选的标准是提供的信息是重要的、生动有趣的，甚至是神秘惊人的）。

6. 文化收集员（culture collector）。读文章，找出文章中的文化和自己所处文化之间的差异和相似点；在两三处表示文化点的位置做上标记；将这些段落读给组员听，或是让另一名组员来读；就这些文化点或对文章中其他的文化点提问，在组内讨论。

进行阅读圈活动时，组员佩戴上不同标记表示自己的角色。当小组人数少于 6 人时，教师可以根据文章的内容适当裁掉一两个角色，或是根据需要添加一两个新角色。阅读圈可以适用于学生的课外阅读交流，也适用于课堂内的自主学习。课外阅读讨论时要规定每个人都必须完成的页数。因为每个学生都有明确的任务，所以不用担心小组活动变成一个人或几个人的表演。教师的角色就是到各组中去，聆听他们的讨论，保证学生是在交流想法，并帮助指导暂时遇到困难的小组，保证学生在小组内顺利交流。讨论结束后，教师要求每个学生给自己的表现评级，并要求以所在组为单位对每个人的自我评定发表意见。其他学生对那些不愿阅读的学生的想法的支持将激励和帮助他们，使他们把阅读看作一种愉快而普遍受欢迎的活动。

阅读圈中各个成员的角色每次都可以更换，学生可以练习和培养不同的策略能力，例如这次是组织者，那么他学会如何提问使大家思考，下次他可以是单词大师，挑出对故事理解或意义重要的词[246]。

（二）拼图阅读（jigsaw reading）

Jigsaw 是一种拼图游戏，即把零散的部分拼成一副完整的图画，这种游戏可以锻炼人们的记忆力、分析推理能力以及动手能力。拼图阅读是将 Jigsaw 的理念与阅读结合的一种方法，是一种以文本为基础的教学方法，对缓解学生阅读焦虑和提高学生学习动机都有积极作用[257]。拼图阅读有助于实现阅读理解的两个主要目标：（1）发展学生的元认知能力，即学生控制、掌握学习过程，适时调整学习策略的能力；（2）学生在互教互学的过程中掌握学习内容，学会自主学习。

在拼图阅读[258]218中学生需要积极总结大意、推测文章出处、识别作者意图等。拼图阅读的流程如下：学生读一篇能确立一个主题的短文，然后分成几个小组读几篇不同的文章，但都围绕一个主题（如某种行为的不同方面，有关一个问题的不同报道，或是一个故事或怪事的不同部分）。他们读完各自的文章后，重新组成小组，小组里每个学生读的是不同的文章，他们尽力把整个故事拼凑出来，或描述出整个情节。例如，在学习 UFO 为主题的文章时，学生可以分为三组：寻找外星智慧生命项目组成员、不相信 UFO 的科学家、被外星人劫持的人。学生既可以阅读同一篇文章的不同部分，从自己的角色出发获取相关信息，也可以读不同的文章，然后把自己通过阅读获得的信息在小组活动中进行分享，形成对 UFO 的完整看法。

拼图阅读还有其他形式，例如把一篇文章按段落裁剪开来，把剪开的各个段落分别给不同的学生看，然后要求他们重新组合这篇文章；或是给学生一组打乱了顺序的电子邮件，要学生找出邮件的顺序。教师还可以把两个故事混合起来，再让学生把它们分开。

拼图阅读还有更复杂的组织方式：教师将学生按照文本的段落或部分分成若干小组，每个小组尽量平均安排人数，这个小组称为"基础组"。分组方式采取同质分组，小组中的学生能力和个性相近。基础组的每个成员都有一个顺序编号，如 A、B、C、D。然后，教师为每组按其人数打印故事或短文中的某一段文本，基础组成员阅读同样的段落内容，当小组内每个成员都完成阅读后，组内可以进行简短的交流，确保理解到位。接着，每个基础组的成员按照自己的编号与其他小组同一编号的同学组成新的小组，如所有编号为 A 的成员组成新的一组，每个新成员都把自己阅读的内容分享给新组员，新组员在小组内完成对整个语篇文本的拼接，确保逻辑和意义连贯、完整。最后，学生再回到基础组，阅读和交流完整的故事。拼图阅读给学生提供了阅读的理由，也促使学生积极使用预测、推理等策略，分享自己的阅读发现。

　　阅读策略是一个庞大的家族，策略培训需要一个长期的过程，教师的详细示范和支持对学生阅读能力的发展至关重要。当我们在内容学习中进行阅读策略培养时，学生便可能获得策略能力和阅读能力的双重提高。我们在此只选择介绍了 11 种基本策略，这些策略大都需要在阅读中贯穿始终；但这并不说明其他的策略不重要，教师应该根据学生的水平和需要选择适合的策略进行教学。学生的阅读策略也可以在小组阅读活动中进行培训，小组策略学习活动中，学生的目标更加明确，更有利于他们有意识地使用阅读策略。

本章小结

本章主要讨论了以下内容：（1）文本特点。文本是实现交际功能的一种形式，相同功能的文本组成一种体裁，而体裁内部具有一致性，即具有相似的结构和特点。掌握文本的结构和特点能帮助扩展认知图式，从而提高阅读理解能力。（2）阅读策略的培养。阅读策略指读者为了发展对所读内容的理解而有意识地采取的行为。阅读策略的培养是一种过程，需要教师显性的教学和指导以及学生长期的练习。不能把阅读策略培养等同于阅读理解练习，阅读策略培养的目的是让学生形成良好的阅读习惯。在阅读教学小组活动中，教师可以利用阅读圈和拼图阅读等活动来培养阅读策略。

下一章我们将以整体的方式讨论读写能力的培养，讨论如何利用文学来培养青少年的外语读写能力。

第七章　　文学与读写能力培养

　　在第一章我们讨论了读写萌发，了解到儿童最先接触的文字和书本大都与文学有关：睡前故事、反复吟诵的童谣、影射现实的童话等，它们往往用作读写萌发和激发阅读兴趣的重要工具，并为人生智慧的积累和道德观念的形成提供素材。第二章至第六章，我们讨论了读写的性质、如何激发学生的读写意愿、如何通过词汇学习为外语读写打下基础，以及如何通过流利读写培养、文本知识的学习及策略培养来提高理解能力，这些讨论无一不涉及文学。所以，在外语读写能力的培养中，我们没有理由拒绝文学，文学作品将吸引学生进入到一个由不同语言和文化构成的世界，学生在探索这个世界的过程中习得语言，并增强读写能力。本章讨论如何通过文学培养外语读写能力，分为两节：第一节讨论如何在外语课中运用文学，第二节讨论运用文学的读写活动。

第一节 外语课中文学的运用

本节介绍外语课中运用文学的原因，并借用 Lazar 的分类框架讨论可以从哪些方面在外语课中运用文学，使读者对如何运用文学来培养读写能力有一个大致了解。

一、运用文学的原因

许多研究和观点表明文学能促进读写能力的提高，文学阅读是多数读者喜欢的阅读类型，长期性的文学阅读能直接促进阅读能力的提高。研究表明青少年以乐趣为目的的阅读会对他们的标准化测试表现产生积极影响，经济合作和发展组织（Organisation for Economic Co-operation and Development，简称 OECD）报告称："在国际学生评估项目（Programme for International Student Assessment，简称 PISA）阅读测试中表现好的学生和表现差的学生之间的关键区别在于他们是否每天基于兴趣阅读，而不是他们每天花多少时间阅读"[259]。Coles 认为故事能让所有学生加入讨论或做出回应，而且这些讨论和回应都是基于意义的真正交流[260]。Huck 认为文学能培养真正的读者和作者，而且还能激发人的敏感和热情，扩展人的想象力，使人能"生活"在各种可能性中[261]。Campbell 在教学实践中发现，二语学习者完全有进行创作性写作的经验资源，而且当他们通过对文学的途径进行写作时，他们会投入更多的情感，更能够欣赏到英语的节奏[262]。

Lazar 建议在语言课堂中使用文学作品，原因如下：（1）能激发学习语言的动机；（2）文学作品是真实的语言材料；（3）文学具有一般的教育价值；（4）很多教学大纲都要求学习文学作品；（5）帮助学生理解另一种文化；（6）为语言习得提供刺激；（7）提高学生的解释能力；（8）学生喜欢文学，文学很有趣；（9）文学得到高度重视，拥有很高的地位；（10）扩展学生的语言意识；（11）鼓励学生说出自己的观点和感情[263]14。

如果在这个原因列表上继续罗列的话，我们认为还有以下原因：（1）提供经典的语言使用范例；（2）展示文章组织的一般结构；（3）让学生有机会进行跨文化的对比；（4）提供比教科书更鲜活的语言……

在本章中，我们在讨论外语读写能力培养时使用的文学形式主要包括诗歌（儿歌）、传统故事、小说、戏剧等。因为前几章同样是讨论读写活动，并没有把文学排除在外，本章介绍的读写活动可能与前几章介绍的活动形式有部分重复。本章讨论文学与读写能力培养不仅基于以上提到的原因，还因为文学的多样化和个性化可以为不同学习者提供充分的选择资源，更易为学生所接受，同时文学也为教师设计读写教学提供了丰富的资源。

二、外语课上运用文学的方法

Lazar 大致区分了三种利用文学来学习语言的方法，即基于语言的方法、以文学为内容、用文学来充实自我[263]23-25。下面我们逐一阐释。

（一）基于语言的方法（language-based approach）

这种方法的假设是：学习文学语篇的语言可以把语言大纲和文学大纲更紧密地结合在一起，对文学语篇语言的仔细分析可以帮助学生对文学作品进行有意义的解释或合理的评价，同时，学生还可以提高自己对英语的总体意识和理解，并利用他们熟悉的语法、词汇或语篇类别的知识对作品进行审美判断。

此方法包含很多小类，有的教师以文学作品为资源来开展语言学习活动，有的教师对文学作品进行文体学分析，有的教师认为学生还未准备好进行文体学分析，所以学生需要先学习语言技巧。使用这种方法的课堂活动有：（1）教师给学生三首短小简易的诗，不带标题，再给他们六个标题供选择，三个是原标题，三个是干扰项，读完三首小诗之后学生要为每首诗选择最适合的标题。（2）教师给学生一篇出自小说或短故事的描述性文章，隐去其中所有的形容词和副词，学生把这些空补充完整，然后与原文进行对比。（3）学生读完小说或戏剧后，教师向学生提供三种不同的批评观点，学生决定哪种批评最有说服力或最准确。

上述三种活动按难度进行排列，第三种活动难度最大，学生要完成这一任务，需要对文学作品有更敏锐的理解和欣赏能力，这就是我们所说的文体学分析。文体分析的主要目的是使学生对文本进行有意义的阐释，同时又可扩展学生对语言知识的敏感度。教师在课堂上分析文学作品时可遵从以下两个步骤：（1）记下文本中任何特别明显的语言特征，这些语言特征的形成可能是由于语言现象以意外的频率反复出现，或稍微偏离了较常规的语法和词汇使用。如果以稍微不同的方式对这些特征进行释义或重写，就会产生非常不同的效果。（2）设计一系列的问题把学生的注意力引到这些特征上，鼓励学生根据这些特征对文本进行解释和欣赏。

使用这种方法时，选择文学作品主要考虑的是作品能否说明特定的文体特征以及作品自身的文学价值。这种方法的优点是学生可以在老师的帮助下，通过分析作品中的语言证据对文学作品进行深入理解，教师鼓励学生利用自己的英语知识并使用教师提供的分析工具达成自己的解读。这个方法可以使学生接触或复习出现在有趣而新鲜的语境中的语法和词汇，从而提高语言水平，因此我们有充分理由将文学列入语言教学大纲。

这种方法也存在一些问题，如果学生太死板地使用此方法，用纯语言学的术语来分析作品而很少涉及个人阐释，这个方法就会变得非常机械从而使学生失去动力。同样，这个方法对作品的历史背景、社会背景或政治背景可能无法给予足够的关注，而往往是这些背景知识向学生提供了阐释作品所需的宝贵的文化知识。

（二）以文学为内容（literature as content）

以文学为内容是最传统的一种使用文学的方法，文学本身是课程内容，课程重点关注与作品相关的历史和文学思潮的特征，以及作品的社会背景、政治背景、历史背景、文学体裁和修辞手段等。学生通过学习文学来学习语言，特别是通过阅读指定篇章和相关的文学评论来学习语言。学生可以使用母语来讨论作品，教师还可以要求学生翻译文学作品。

语言教师可能会认为学习文学是文学教师的工作而不是语言教师的工作，但是在这种方法中，对背景知识的学习将会促进学生对作品语言的理解和欣赏，进而促进语言学习。教师需要提供的相关背景知识包括：

（1）作者的生平；（2）作品中的历史或神话事件或人物介绍；（3）作品中争论或讨论的哲学、宗教或政治思想；（4）作品中直接或间接提到的地点、物体或其他作品；（5）作品体裁；（6）作品与其文学思潮的关系；（7）作品创作的历史、政治或社会背景；（8）作者风格的明显特征；（9）作品选择的依据及其在文学经典中的重要性。

当教师以文学为内容教学时，他会把作品放置于文学和历史语境中，学生对作品的理解会得到加强，也可以接触到范围广泛的真实材料。但是，这个方法对学生的要求较高，材料中的语言可能很难，因此可能会让读写能力一般的学生失去动力。另外，这种方法过多依赖教师的释义和说明，学生则很少参与解释。而且课堂的很大一部分时间可能要以学生的母语来完成。

（三）用文学来充实自我（literature for personal enrichment）

用文学来充实自我这一方法的假设是：文学可以有效地鼓励学生利用自己的个人经历、情感和想法，帮助学生更加积极地在智力和情感上投入语言学习，进而帮助语言学习。文学可以作为小组活动极好的刺激物。

材料选择主要是看它是否符合学生的兴趣，使学生高度投入。材料经常以主题为组织单位，文学材料可能与有关相似主题的非文学材料归为一类。

把学生当作全人来对待从而激发学生的学习热情，把文学作品和非文学作品放在一起还可以揭开文学的神秘面纱。但如果教师没有就文学作品中复杂语言的处理给予充分的引导，就要求学生给出个人反应，那么有些作品与学生自身的经历相距太远，学生很可能无法做出有意义的回应，而且有些学生不喜欢讨论自己的个人情感和反应。

为了让学生能积极投入到对文学作品的讨论中，教师要选择合适的、符合学生兴趣的文学材料。为了鼓励学生积极回应，教师可以选用以下技巧：（1）让学生就主题或题目进行自由联想，将他们的想法与作品中的想法进行对比。（2）给学生提供作品中的场景轮廓，例如"我第一天上学"，让学生在阅读前回想自己第一天上学的经历。（3）让学生填写问卷，问卷内容是作品中的时间和情境，学生分别在阅读前和阅读后就时间和情境做出回应，说说自己的观点。（4）让学生想象自己是作品中的某个人物，想象自己处于作品中人物的情景时会怎么做，或者以一个人物的身份向另一个人物写一封建议信。（5）阅读前让学生围绕主题或题目完成句子填空练习。（6）引导学生想象作品的环境设置，学生要闭上眼睛想象在那个环境中会出现的景物、声音、人物的感情变化等。

　　讨论至此，我们可以发现以上外语课中运用文学的三种方法在课堂中并非单独出现，它们可能出现在外语课堂上的不同阶段。课堂上我们通常希望学生实现情感投入、语言理解和知识丰富的目标，而对这三种方法的选择和运用需要建立在对学生水平和兴趣的评估基础上，三者的结合是保证学生在语言、情感和知识上理解文学作品并能有效学习语言的方法。下一节我们将介绍如何利用具体的文学形式、针对不同水平的学习者设计读写活动和培养读写能力。

第二节 运用文学的读写活动

本节讨论的读写活动主要使用了基于语言的方法和用文学充实自我的方法，即以文学作品为材料来进行语言学习，并鼓励学生利用文学联系自己的感情和经验，在智力和情感上更积极地投入语言学习。读写活动的对象可以是诗歌、小说和戏剧等。

一、诗歌（儿歌）

诗歌的主要特点就是含有丰富的语音特征，富有节奏，有时还有押韵，非常适合用来培养学生的语音意识。心理学研究表明，为学前孩子读儿歌会显著影响他们学习阅读的能力[264]，儿歌韵律会帮助孩子发展他们的语音敏感性。我们在第一章讨论读写萌发时已经知道了语音意识的重要性，用有意义的诗歌（儿歌）作为语音意识强化的材料无疑要比无意义的、机械的语音培训更加适合。

在以诗歌（儿歌）为材料时，我们可以使用以下方法[265]16-20。

（一）排序

教师先向学生介绍一首儿歌，再把其中的句子顺序打乱，让学生来排序。教师可供选择的资源很多，例如 *Wee Sing*，*The Real Mother Goose*（《鹅妈妈童谣》）等。《鹅妈妈童谣》收集了几百首经典英语儿歌（nursery rhymes），包括幽默故事、游戏歌曲、儿歌、谜语、催眠曲、字母歌、数数歌、绕口令、动物歌等，是用作语音启蒙和练习的好材料。例如：

> *Hickory，dickory，dock.*
> *The mouse ran up the clock.*
> *The clock struck one，*
> *The mouse ran down，*
> *Hickory，dickory，dock.*

这首儿歌类似中国儿歌"小老鼠，上灯台，偷油吃，下不来，喵喵喵，猫来了，叽里咕噜滚下来"。学生熟悉上述英语儿歌后，教师把五个句子写在五张卡片上，学生则要按顺序把儿歌还原。这个活动对于已经熟悉基本词汇和拼读的学生来说问题不大。教师在学生完成任务的过程中还要特别注意学生的错误，如果学生把 "The mouse ran up the clock." 当成了 "The mouse ran down."，教师可以把这两张卡片放在一起让学生说明应该选哪一张，为什么选那一张，在说明的过程中，学生需要把句子读出来。

教师也可以把句子拆分成短语再让学生来排序，例如：

Hickory, dickory, dock.	
The mouse	ran up the clock.
The clock	struck one,
The mouse	ran down,
Hickory, dickory, dock.	

短语排序比句子排序要复杂一点。如果学生完成排序有困难，教师可以先选择性地拿走一些短语，让学生把短语归位。在划分短语时，注意不要把句子划分得太零散，尽量把句子划分成开头和结尾两部分。

教师也可以把句子划分成词语让学生排序，句子中包含的名词、行为动词、形容词和副词可以按照句子和短语的方式处理，但是结构词不宜进行此处理。

教师先把儿歌中的每个单词都分割开来，例如：

Jack	be	nimble		
Jack	be	quick		
Jack	jump	over	the	candlestick

教师再用填空的方式让学生填词，例如两空填词：

Jack	be			
Jack	be			
Jack	jump	over	the	candlestick

再如四空填词：

Jack	be		
Jack	be		
Jack		over	the

直到最后变成多空填词：

	be		
	be		
		over	the

教师可以把空缺的单词卡片发给学生，让全班一起找出空缺的单词，教师问"What is missing?"学生回答："nimble."，教师再问"Who has nimble?"，持有 nimble 一词的学生就可以上台把卡片粘在黑板空缺的位置上。

还有一种为诗歌排序的方法适用于理解水平较高的学生。小组中的学生每人分到一行诗句，读完后学生需要把诗句排列到一起，组成一首有意义的诗，在进行排列的同时，学生还要解释为什么按照这样的顺序来排列。

（二）替换

替换活动的基础是学生非常熟悉手边的材料，例如学生刚刚学过一句儿歌"Rain, rain, go away"，教师说"If I say 'Rain, rain, go again', is there anything wrong?"教师让学生指出哪个单词是错误的，并请学生把正确的单词说出来，把这句儿歌读一遍，再让学生找出或写出正确的词来替换原来的词。最后，教师告诉学生："Again is wrong. We should say away. Rain, rain, go away."。

为了让学生练习音素替换，教师还可以设计这样的错误："Hickory, dickory, lock."。

教师告诉学生："There is something wrong with it. Can anyone see what is wrong?"，然后邀请学生找出错误并改正。教师也可以给出示范，指着字母 l 说："这里是 l，所以读/lɒk/。如果把 l 换成 d，这个词就读

/dɒk/。It should be *Hickory，dickory，dock*."。

教师还可以使用首音互换来训练学生的语音意识，但练习材料需要是学生熟悉的。例如：

Old King Cole was a serry（merry）old moul（soul）.

Passy（pussy）cut（cat），passy cut，

Where have you been?

教师要学生非常仔细地看这两个句子，找出互换的音，通过这种练习，学生会明白字母的发音和字母的价值。单独的音素替换练习并没有多少价值，在儿歌中，音素改变带来的意义变化将更直接说明音素的意义。

（三）听写

教师还可以利用熟悉的儿歌和诗进行词汇听写活动，例如：

There's a neat little clock.

教师可以请学生根据听音拼出 clock 这个词，或者给出首字母提示，例如：

There's a neat little c_____.

以上这些活动适用于初级的语言学习者，主要是用来加强语音意识，获得对英语儿歌的认识，并练习拼写技巧。

（四）仿写

有些诗或歌谣具有清晰的结构，学生可以此为模板进行模仿写作，并由此掌握词汇和诗歌形式。例如：

Row，row，row the boat，

Gently down the stream，

Merrily，merrily，merrily，merrily，

Life is but a dream.

在这首儿歌中，显著的语言特点就是动词和副词的重复，学生可以仿照此形式进行写作。例如：

Ride，ride，ride the bike，

Quickly on the way，

Happily，happily，happily，happily，

Life is but a dream.

此时，教师可以进一步指出儿歌需要押韵，即结尾单词的最后一个音节要相同。原文中的 stream 和 dream 就押韵，而改写版中的 way 和 dream 不押韵，需要替换 dream 一词。学生继续修改，可以把 dream 替换成 day。

（五）朗诵

我们在第五章已经讨论过流利朗读对于阅读理解的重要性，诗歌适合用来朗诵，通过朗诵可以直接获得审美感知。教师可以声情并茂地吟诵诗歌给学生做示范，学生也可以充满感情地朗读诗歌，师生还可以共同聆听并进行配乐朗诵。

二、英语传统故事

说到英语传统故事，最为人所熟悉的有 *Snow White*、*Cinderella*、*Three Little Pigs* 等，这些故事已经在世界广为流传。传统故事包含的范围很广，例如神话、传说、民间故事和寓言等，它们具有口口相传的特征，一代代地传下来，经受了时间的检验，给读者带来了极大的阅读乐趣，也为电影提供了不少灵感。传统故事也可以成为我们设计读写活动的材料，Tancock 建议可以利用传统故事来进行以下活动[266] 15-18。

（一）对比阅读

正因为传统故事在世界广为流传，它们在世界的不同地方生成了不同的版本，*Cinderella* 这个故事就有许多个版本，例如中国晚唐时期的《叶限》、意大利的《猫咪仙德丽拉》和俄国的《美丽的瓦希莉莎》等。尽管这些版本的内容不尽相同，但大多具有相同的元素，如继母、坏姐姐、善良的女孩和丢失的（水晶）鞋等。教师可以为学生提供故事的不同版本让他们阅读，这些并不一定都是英文版本。阅读后，教师可以自然地引导学生对故事的差异进行比较，并对差异反映出的历史和文化传统进行讨论，这种跨文化的阅读可以为学生了解不同文化提供帮助。

阅读和讨论过后，教师还可以引导学生进行想象写作，例如如果继母、坏姐姐、善良的女孩这些故事元素放在现代中国会变成一个什么样的故事。

（二）讲故事

传统故事大都具有记叙文的特征，教师可以通过说故事的方式在引起学生的兴趣的同时介绍记叙文的特征和叙述技巧。叙述是人类大脑的主要活动[267]，通过学习故事，孩子能获得基本的叙述结构。Cohen 做了一个经典的实验，他在纽约市某小学二年级选了两个班进行教学实验，一个实验班，一个对照班。实验班老师每天给学生读故事，读完后让学生用画画、复述或戏剧表演的方式表达自己对这个故事的理解，对照班的学生则按传统的方式学习读写。一年以后，实验班的学生的阅读词汇和阅读能力明显领先于对照班[268]。

教师在讲故事时不要照本宣读，而要把它变成自己的故事讲出来。教师首先选择自己喜爱的故事，把所有的事实和细节收集起来，并进行筛选，理清顺序。讲故事时，教师根据故事的情节调整自己的声音，也可以与学生互动，互动时教师便可以利用时间准备下一步的讲述。学生在讲故事时，可以使用相关道具，例如玩偶、面具、插图、照片等。为了让学生做好准备，可以先让他们练习讲故事，然后再给全班学生讲故事。学生也可以准备一些提示信息，例如可以在自己的手上和手指上写上一些单词或画些简单的画。

（三）从故事到戏剧

教师可以选择故事中的某些情节来探讨主题、任务、冲突、误解和不同观点，如果教师选择讲故事而不是读故事，学生的思想也会随着故事发展融入故事当中。教师可以把故事改编成课堂剧让学生表演，具体方法可以参考第五章介绍流利阅读时的说明。

（四）从故事到新闻报道

Johnson 和 Louis 介绍了一种故事加工的方式，即学生在读过故事后，把故事改编成新闻[265]101-103。具体操作步骤如下：（1）学生读真实的新闻报道。（2）学生读传统故事和根据传统故事写成的新闻报道（可以由教师改编）。（3）学生读第二个故事，并准备为故事中的主要人物写新闻报道。新闻报道中需要包含的内容有：标题、时间、人物、事件、地点、原因、过程、引言。（4）学生写新闻报道，完成的学生交换故事阅读，互相修改、提意见；教师在教室中走动，确保学生都在用新闻风格写作，并及时提供必要的帮助。随后，学生可以重写新闻，并把作品贴到教室后面的墙上。

三、戏剧

戏剧中充满了激烈的情感冲突和对抗，在阅读完戏剧后，学生会进入到角色的内心世界并获得写作的灵感，此时的写作能写出角色的态度和情感。同时，在读写活动加入口头汇报时学生也可以进行角色扮演。利用戏剧的读写活动包括：独白、对话和角色的经历[269]122-124。

（一）独白

学生从文学作品中任选一个角色，体会角色的情绪、感情、想法、说话风格，并就一个特定场景、事件中的角色进行写作。学生可能会考虑：（1）这个角色对一个事件或另一角色的感觉如何；（2）这个角色对作品中事件的价值判断；（3）为什么这个角色会这样思考问题并以这种方式行事；（4）这个角色会希望事态如何发展，或者问题如何解决。

Arthur Miller 的 *Death of A Salesman* 中，有很多场景都可以安排人物独白，例如，主角 Willy 可以描述在他的老板粗鲁而无情地对待他后，他的心情如何，特别是他为公司工作那么多年却被解雇后，他的感受如何；他的儿子 Biff 如何解释为什么他说爸爸所有的梦想都是错的。

（二）对话

对话与独白相似，它发生于故事、戏剧或诗歌中的两个人物之间，教师和学生可以选取作品中的某个特殊场景，学生针对这个场景写出两个人物间的对话，学生需要考虑人物的情绪、感情、想法和说话的风格。例如，在《推销员之死》中，儿子和父亲可以有一场对话，儿子 Biff 试图说服父亲忘记推销员这个工作，去做他真正喜欢的事情——用自己的双手工作，也许 Willy 会因此开始他的小生意。戏剧对话还可以做一个小小的改变，让对话发生在文学作品中的人物和学生之间，学生因此可以发表他们对作品人物的个人感受，或是同情，或是争论，或是提供建议。

（三）人物历史

为作品中的人物写历史可以视为戏剧独白的变体，学生进入到人物角色中，想象作品中人物的经历，以第一人称来写出人物过去的历史，他去过哪里，一直在做什么。这个活动可以与戏剧学习互为补充，因为戏剧人物的背景信息很少会交代清楚。同样，此活动也可以用于短篇故事和小说。

四、小说

在泛读活动中，英语小说或者名著的简写本是应用甚广的一种文学形式，教师可以依托小说来设计以下活动。

（一）为小说做广告

学生阅读完小说并写下评论交给老师，老师从中挑选出一些评论（匿名）发给学生使用，学生把好的评论剪下来粘贴到一张纸上，加上标题和小说的作者，就成了小说的广告，教师把广告粘贴在教室或图书馆供学生选书时参考[143]73。

（二）写一句话摘要

教师告诉学生可以用一句话来概括一本书的内容，学生先把书中最重要的点列举出来，再从中找出故事的关键部分，并用一个句子对其进行概括，学生修改句子再把它大声读出来，看看是否可行。这个活动可以根据学生水平有所变化，读写能力弱的学生只要写出主要意思就可以了，而读写能力强的学生则要在一句话中介绍作者的姓名、书名和书的主要内容，教师还可以为句子长度做出说明[143]142。

（三）网上读书论坛

当学生阅读完小说后，可能并没有充分的机会与同学交流对小说的看法，教师可以让学生建一个聊天室或是讨论群，在社交媒体上讨论小说。事实上，在阅读测试中表现低于年级平均水平的学生如果读非常感兴趣的文章，其表现则可能会高于年级平均水平[270]。在社交媒体进行讨论时，学生不仅可以有更多时间进行思考和回应，还可以更直接地向他人学习。

五、本民族故事

学生在学习外语时，强调的往往是结果，即语言学习最终需要达到的水平，教师往往会要求学生避免母语的影响，结果经常忽略母语中所蕴含的丰富资源。其实，母语和母语文学也可以作为外语读写的支架。Langer对从多米尼加移民到美国的学生进行了文学读写的教学实验，很好地把本民族故事、母语读写、口语技能和二语读写结合到了一起[271]。这一活动要求学生为来美国的英语水平有限的移民学生写书，这本书将放在他们的教室和社区图书馆里，最有趣的一点是，故事将来自学生自己的生活。学生收集、讲述、录制并最终写下他们听过的或讲过的故事，也就是"家庭故事"。为了真实，他们必须使故事尽可能保持原汁原味。为了能帮助移民学生阅读，书里还必须包含西班牙和英语两种文字。Langer 设计的读写活动包含母语和二语的说、写、读，也必须润色文章以适合的形式发表。他的教学设计是这样的：

学生以小组合作的方式来写故事，学生互相帮助，教师指导学生如何寻求帮助并如何更好地帮助同学。通过小组合作和讨论，学生可以获得以下机会：（1）观察、反思和管控想法、运用语言和构建篇章；（2）为自己也为别人创造框架；（3）检查自己能否有效地理解和学习；（4）练习（最终内化）写作规则。

学生可以和家人讨论最喜爱的故事，这些故事可以是祖母或母亲在学生小时候讲的故事，也可以是自己听过多次的关于祖国和家庭的故事，还可以是在朋友那里听过的故事。如果找不到故事，学生也可以自己编一个。如果能找到，学生就要把这个故事讲给了解这个故事的人听，确保故事的讲述是正确的。学生可以遵从以下步骤：（1）把故事录下来自我检查；（2）准备好后，把故事讲给写作小组听并获取反馈；（3）修改故事并不断练习讲故事，直到你和他人都觉得故事听起来不错；（4）准备好后，自己选择语言把它记下来；（5）从小组成员获得反馈，对草稿不断进行修改；（6）把故事翻译成其他语言；（7）对不同语言版本进行润色准备出版。

在每一步，学生都要尽最大努力并不断在需要时寻求帮助和反馈。学生各有所长，有些学生的英语水平较高，有些学生知道其他学生不知道的故事、词语或语言特征，有些学生擅长拼写。总之，当需要反馈或特别帮助时，学生自己决定向谁寻求帮助，可以是同学，也可以是父母，还可以是学长。每一阶段提供帮助的人因为需要的技巧不同而有所差异。教师指导学生如何检查自己的故事和其他同学的故事，在检查内容时，学生需要考虑以下问题：（1）有没有还需要添加的内容？（2）有没有不清楚、需要澄清的？（3）有没有什么重复需要删除的内容？（4）有没有什么需要展开使得故事更易理解的？

在检查体裁时，学生需要考虑以下问题：（1）这是什么类型的故事？（2）需要改变或添加什么使故事更为合理？（3）有没有什么特殊的方式来开头？（4）故事出现在广播上或在书上时有什么区别？（5）怎样修改才能使故事更接近它原来的样子（例如你的奶奶给你讲的故事）？开头、中间、结尾需要改变吗？（6）用词需要改变吗？情绪需要改变吗？

在呈现故事（presentation）时，学生需要考虑以下问题：（1）如何改变单词、句子和故事的组织来帮助读者更好地理解故事？（2）在故事发表前还需要检查什么部分？（3）检查拼写、标点符号和版式，自己能修改的自己修改，自己没有把握的可以做好标记和其他人一起检查。

学生起初会觉得写故事很难，因为学生不明白教师需要什么样的故事，但是教师可以先讲故事给学生听，然后由学生带来自己的故事，写作小组开始工作。学生带来的故事各式各样，但学生在内容上或结构上都了解这些故事。慢慢地，学生的兴趣增加，他们会对自己的故事不断地进行修改，并且在写作过程中，阅读其他知名作家写的故事，学生会"经历"（live through）文学，分享自己的心得，采取多种视角，讨论自己对故事的理解。然后，他们会客观地采用批评的视角来反思，在写作小组中为彼此的故事提出建议。

这个方法的突出特点是利用学生已有的读写资源和学生已掌握的读写能力来发展外语读写能力。要指出的是，教师需要非常明确地引导学生如何去思考以及如何讨论，因为思考和讨论的能力是读写能力的核心。教师在设计读写活动时不能仅仅关注词汇、句子这些结构成分，更重要的是教会学生如何思考。只有养成了思考的习惯，学生在独立学习时才可能成为自主的学习者。

我们在运用文学培养读写能力时，难免会碰到多元文化的问题，例如种族问题，教师应该对这类题材持开放和欢迎态度，认识到这是培养学生多元文化意识和开放态度的好机会[272]，并引导学生就此展开讨论，让学生进行思考和判断。例如上文提到的运用本民族故事来进行读写活动，教师就是在有意识地发展学生对本民族文化的自豪感，同时努力打通母语和外语读写之间的壁垒，利用母语和母语文化资源学习外语，向学生传递一种理念：本民族文化值得重视。

本章小结

本章主要讨论了以下内容：（1）运用文学的原因。文学与读写不可分，文学阅读能给人带来愉悦，往往用来作为早期读写萌发的材料，还能直接促进阅读能力的提高。（2）运用文学的方法。语言学习中运用文学的方式有三种：基于语言的方法、以文学为内容、用文学来充实自我。教师可以以诗歌（儿歌）、传统故事、戏剧、小说、本民族故事为分类框架来设计外语文学读写活动。母语中的许多资源也可以用来培养外语读写能力。

在下一章中我们将讨论本书的最后一个话题：多元读写，探讨如何利用信息技术和多种媒体资源来发展外语读写能力。

第八章 多元读写

　　回顾前文提到的读写学习，我们会发现阅读和写作活动经常同时出现，而且它们涉及的并不仅仅是文字这一媒介，还有图片、视频、声音等其他媒介，这些媒介往往交互作用于意义表达。与此同时，个人也需要对信息进行评价和甄别，利用多种媒介的帮助，以最有效的方式获取和呈现信息，这就是我们本章要讨论的焦点——多元读写。本章共分为三节，分别讨论多元读写概念的提出，多模态、新媒体和多元读写之间的关系，以及多元读写教学。

第一节　多元读写概念的提出

21世纪青少年学习的环境与以往相比已经有了本质的区别，随着移动智能设备大面积普及，他们学习读写的方式正受到互联网和其他信息交流技术（Information and Communication Technologies，简称ICTs）的深刻影响。实际上，信息交流技术的影响正在改变读写篇章的本质并产生新的读写形式。但是，这并不是说电子多媒体世界的语篇正在取代书本，相反，目前正在出现的这些形式是书本强有力的补充。书本世界经常会延伸并得到电子多媒体多种形式的强化，很多纸书会配有音频或视频，相应地，有些电子图书经常也有纸书的出版，用Margret Mackey的话来说，"跨媒介混合物到处都是"[273]，她指出当孩子来到学校时，他们早已习惯了进行跨媒介的比较和判断，无论这些故事是关于《托马斯小火车》还是《哈姆雷特》。可以说多媒体已成青少年教育过程中的常态，成了我们无法回避的现实。

多元读写（multiliteracies）正是这一现实的概括。我们在此讨论的多元读写是指超越多年来以印刷文本为基础的读写活动。"多元并非指无限，也并不是指多于1的模糊数量，它指的是数量明确的因素汇集于读写行为的一点上"[274]1，"……过去学生会被要求读一篇印刷文本并写出答案来解释他们对文本的理解，这种称为阅读理解的活动同样也在基本能力的读写测试中占统治地位。而在多元读写中，阅读理解练习的内在问题得到了扩展，超越了读和写的二元概念，包括如视觉读写（visual literacy，如果材料中包含图片和视频）和批判读写（critical literacy，对文本中偏见和沉默的质疑，以及对文本的政治和社会性使用的质疑）等形式。因此，多元读写是为多种元素设立的一个平台，这些元素在正式和非正式环境中汇集在教育实践上"[274]2。

"多元读写"这一概念正式出现于1994年。1994年9月，来自美国、英国、澳大利亚的11位学者在美国新罕布什尔州的新伦敦（New London）召开了为期5天的会议，"新伦敦小组"（The New London

Group）由此得名。这些学者的研究背景涵盖了语言学、教育学、读写研究、教育社会学和文化研究，小组成员学科交叉的背景决定了他们对读写所持观点的多元化。他们认为，随着信息技术的快速发展，人类每天不仅要接受印刷品、图像、录像带等多种形式传递的知识，而且还要通过同样复杂的方式向来自世界各地的人们传递知识。英语在迅速成为全球性语言的同时，其发音、文化风格和专业程度等方面的差异也日益扩大。因此，英语教学不能只讲授那些正式的、标准的、书面的民族语言，而应该把培养学生的多元读写能力和读写多模态（multimodal）意义的能力放到极其重要的位置上[275]。

新伦敦小组在 1996 年发表了《多元读写能力教学法：设计社会未来》（ *A Pedagogy of Multiliteracies： Designing Social Futures* ）[276] 一文，在该文中他们对学校读写教育可能选择的方向提出了一系列的构想，以帮助学生能在不久的将来适应急剧变化的社会，迎接经济全球化、语言文化多元化和交际技术多样化的挑战[277]。

他们提出的多元读写教学法包括以下四个步骤：（1）实景实践（situated practice），即将英语教学置于真实语境之中。（2）明确指导（overt instruction）。学生对语篇形成系统的、分析的、有意识的理解，主要指使用元语言①来描述和解释多模态设计资源的元素。（3）批评框定（critical framing）。解释特定意义设计的社会和文化语境，使学生在实践中通过教师的明确指导，了解（多模态）语篇中的价值观与意识形态。（4）转化实践（transformed practice）。学生在新的社会文化语境中应用所学知识独立解读与建构多模态语篇[276]。

新伦敦小组指出多元读写教学强调真实、多模态、批判和应用，与传统意义上的读写教学相比，增加了多模态、批判这两个维度，这也正是他们对社会发展、信息激增和文化多元的回应。而我们在此讲的外语多元读写教学有两重含义：一是多模态教学，即利用除文字之外的多种

---

① 依据新伦敦学派的解释，元语言是指"描述实践中语篇的形式、内容和功能的具有归纳性和反映性的语言"，"学生需要发展出一套元语言来描述读写教学的内容（设计过程和设计元素）以及构成学习方式的框架（实景实践、明确指导、批评框定、转化实践）"[276] 86。

形式（如图表、视频、音频等）来帮助发展外语读写能力，互联网和信息技术的发展为我们获得和使用这些形式提供了极大便利；在通过这些模态学习外语读写的同时，也要让学生理解各种模态对意义表达的作用，并掌握使用这些模态来表达意义的能力。二是外语读写学习不仅要学习语言，更要培养在不同文本和文化中进行批判阅读的能力。概括来说，从学生角度来看，多元读写学习是现实要求，也是有效学习需要借助的手段。从教师的角度看，教师应具有熟练地、有策略地使用多模态进行教学的能力，同时也要培养学生使用多模态进行交流的能力，以及对不同文化、不同语境、不同意识的敏锐的差异意识。在展示多元读写教学的方法前，我们还需要先对多元读写中涉及的概念（如多模态和新媒体）进行分析和说明。

第二节　多模态、新媒体和多元读写

要讨论多元读写教学，我们首先要厘清多模态、新媒体和多元读写之间的关系。在多元读写教学中我们需要利用多种模态促进理解，而模态的使用不可避免地涉及新媒体，那么多元读写是否等同于新媒体读写？新媒体读写是否一定优于传统读写？

要回答这两个问题，我们首先需要对模态和媒体进行定义。模态是指人接受信息的渠道。一般来说，我们主要通过五种模态来接受信息，即视觉、听觉、触觉、味觉、嗅觉。在日常生活中我们通过多种模态来接收信息，在外语学习中我们主要通过视觉和听觉来学习，以多模态为基础来理解意义。一个文本（印刷文本或者非印刷文本）如果包含一种以上的符号表征模态都可以视为多模态文本[278]。媒体是指信息的物理媒介，如文字、图像、音频流、视频流等。音频流和视频流相对于文字和图像来说属于新媒体。

无可否认，多元读写在当前的凸显，原因之一是新技术极大改变了我们生活的世界，新媒体的发展极大改变了我们的读写方式。过去由于技术限制，文字、图片、视频、音频很难共存于一个文本中，但现在可以轻易做到，它们可以以像素、字节为基本单位出现。但是新媒体读写是否等于多元读写？从技术层面来看，多元读写是指超过一种类型以上的模态出现在读写活动中，视频属于新媒体，涉及视听两种模态，可以属于多元读写，但同时多元还含有内容的维度，如包含图片的视觉读写和只包含文字的批判读写。可见，多元读写并不以新媒体是否出现作为判断的唯一标准，重要的是看人们对语篇内容的理解，看模态间的交互效应和对模态的批判性使用。

那么新媒体读写是否就一定优于传统读写？能够集合多种模态的读写活动是否一定优于以文字为基础的传统读写活动呢？超文本（hypertext）的出现可以视为电子交际环境中最鲜明的特点，它向读者提供了非线性阅读的可能性和供读者选择的导航途径。以维基百科为例，我们在查找信息时可以很轻松地选择想要阅读的内容，跳过不感兴趣的部分，可以点击超链接查看某条信息的出处，并对信息进行不断的追溯，然后再返回起点，我们甚至还能对内容进行编辑。和纸书相比，数字图书似乎就是一个无边际的、无缝的、互相链接的网。

然而，书本是孤立的吗？书本以其封面和封底确立了自己的物理边界，当读者读完最后一页，一本书的阅读就结束了。但是，当我们走进图书馆查找某一本书时，我们会按照这本书在大家所接受的知识体系中的相对位置来寻找该书。也就是说，一本书的物理存在之后隐藏着的是该书与其他书的联系。新媒体中超文本链接可以让读者轻松找到与之相联系的其他信息，纸书中引用、脚注的使用同样能清晰呈现信息之间的关联，因为书的出版需要遵守相关的引用、注释等出版规范和其他相关法律规定，从这一点来说，印刷文本读写与新媒体读写没有根本区别。

新媒体的优势在于，新媒体通过使用视频流和音频流能够更加逼真地呈现现实，这种虚拟的现实很容易引起共鸣。但是，谁也不能否认纯文字通过真实的描述也能把我们带入到一个虚拟的世界，例如，一本小说或者旅行手册就能将我们短暂带离目前所在的现实世界，也能让我们再重返这个世界，这就是文字的力量。多元读写是由新技术和新媒体带来的社会变化所激发而生的，并不是说纸书印刷已经没落，文字无法建立与外界的联系，无法建立虚拟现实，而是说文字与其他媒介和模态更加紧密地相结合，以一种我们以前并不熟悉的方式来共同呈现意义。意义的解释不仅需要对语篇中的语言进行分析，还需解读在符号产品设计中相互独立或相互依存的其他符号资源[278]。正如 Kress 所言，"曾经最为典型的交际模态——书写——正在给图像让步"[279]179，传统读写由此获得了新生。这种多模态的结合对意义的影响是我们必须认真思考和研究的问题，例如，多模态的结合是否对意义表达和读写学习有负面影响，多模态的结合如何更好地促进意义表达和读写学习，对不同的学习者来说，模态应该如何结合才能促进读写，而不是让学生觉得一场热闹过后没有留下任何有益或有意义的东西。我们只有正确回答了以上问题后，才能恰当使用多种模态资源发展读写能力。

另外，对于多模态读写学习的其他理据，顾曰国提出了关于多模态教学的五个假设：（1）同模态学习过程比模态转换学习过程要容易一些。（2）恰当的模态转换可以增强学习者对所学内容的内化度，提高内容记忆的持久性。（3）多媒体、多模态学习比单媒体、单模态学习更能增强记忆力。（4）词语加图像一起学比单学词语要学得好一些。（5）面对面跟老师、同学一起学与一个人单独跟计算机学，前者比后者更有利于增强记忆力[280]。

在下一节中，我们就具体来看如何实施多元读写教学，即教师如何利用多元的形式来培养学生的读写能力以及在不同语境中的批判性理解的能力。

第三节 多元读写教学

多元读写在教育上可以体现在正式和非正式学习两个方面，二者的区别在于是否有教育机构组织教学。我们在学校的学习，在教育培训机构和课外兴趣小组的学习都属于正式学习，而在生活中，通过旅行、娱乐、读书、看报、上网，甚至与家人和朋友的交流等方式进行的学习都属于非正式学习。正式学习和非正式学习都能促进读写学习。下文我们会从这两个方面来讨论多元读写能力的培养。在讨论正式多元读写学习时，我们会展示教师如何设计教学，以及如何评价多元读写。在讨论非正式学习时，我们会介绍帮助读写的新媒体资源，即学生如何利用新媒体在没有教师指导时学习读写。

一、正式读写学习

学校是正式学习的主要场所，正式学习为学生提供基础性的知识和技能的学习，满足大多数学生的教育需求。在正式的多元读写教学中，教师同样需要注意基础和全面这两点。为了更清晰地展示如何在课堂进行外语多元读写教学，我们选择呈现一堂二年级 ESL 读写课，从这堂课的设计可以看到新伦敦小组提出的多元读写教学法是如何实施的。

（一）教学设计实例

下文就以 Unworth 和 Bush[281]60-70 介绍的一堂多模态读写课为例来介绍怎样进行外语多模态读写教学。本课的学习内容是海洋生物和海洋生活，课堂学习活动中融入了多模态读写、内容学习和批判读写。

他们的教学对象是澳大利亚以英语为第二语言的二年级小学生，语言教学以内容为依托（content-based），对语言和图像的描述采用了系统功能语言学的框架，读写能力的发展模式采用示范练习（modeled practice）—引导练习（guided practice）—独立练习（independent practice）模式来帮助学生理解和产出传统或电子多模态文本。使用该模型进行教学时，教师可以从任一阶段切入。例如，如果学生对某一体裁非常熟悉时就可以跳过示范练习和引导练习阶段，直接进行独立练习。如果学生初次接触某一体裁，教师可以把独立练习延至下一次课。在教阅读和写作时，使用的策略基本一致，但实施步骤有所差异，具体如表8-1所示。阅读下文的教学设计时注意：虽然我们在表格中对阅读和写作活动分开进行说明，但在该教学方案中，二者很多时候交织在一起，写作练习直接跟在阅读活动后，写作完成后又返回去阅读，这一设计思路直接体现了第二章中提到的阅读和写作结合教学的思路。

表8-1 教学策略和实施步骤

Strategies（策略）	Implementation steps（实施步骤）	
	Reading（阅读）	Writing（写作）
Modeled practice（示范练习） Guided practice（引导练习） Independent practice（独立练习）	Orientation to the text（文章介绍） Reading the text（文章阅读） Working with the text（文章处理） Reviewing reading（回顾阅读）	Orientation to the text（文章介绍） Writing the text（文章写作） Reviewing writing（写作修改） Publishing writing（写作发表）

与读写能力有关的教学目标包括：（1）能进行跨模态阅读。学生的学习目的是把文本中提供的信息进行最优化的理解，他们需要读懂图像和语言并把图像和语言的关系放在一起进行理解。（2）能进行批判性阅读。批判意味着可能发现围绕同一话题的不同书中或一本书的不同部分间的不一致处。（3）发展元语言来处理文本中涉及的视觉和言语意义生成资源。（4）识别事实性文本中信息报告的版式和结构元素。（5）自己写出信息报告，使用语言和图像来记录学生在话题的某方面获得的附加知识。

可能的话，教师可以先组织学生先去参观海洋馆，以此为基础来强化学生科学课和读写课所需的背景知识和经验。

1. 示范阅读

（1）文章介绍

参观完海洋馆后，教师让学生总结在海洋馆的经历并口头描述他们观察到的和学到的知识；让学生熟悉海洋生物和海洋的图像，并写下在海洋馆的经历。教师系统地介绍关于海洋环境的专业知识，并向学生展示各种海洋动物栖息地的图像。在这次实地参观之后，教师选择一本合适的概述不同海洋生物栖息地的书籍来向学生示范如何阅读。教师希望通过示范让学生最终能获得独立阅读的能力。

（2）文章阅读（教学要点：分歧）

教师示范如何阅读文章：阅读文章中语言和图像同时出现，海洋层次图描绘海洋中不同深度的地区，这些层次把海洋均分成几份。文字内容如下：

The sunlit level is 150 meters deep.

The twilight zone starts at 150 meters below sea level and finishes around 1000 meters below the surface.

The midnight zone starts at the end of the twilight zone and continues to the seabed, possibly being as deep as 4000 meters, and more than 6000 meters in some trenches.

在文章中，每段描述性文字之前也出现了海洋层次图。但是，用语言描述的不同海洋层次的深度与图像给出的视觉信息相矛盾，因为图像中显示出的不同层次海洋的深度是一致的，图像与语言之间出现了分歧。突出分歧能提醒学生去注意多模态文本中所有的交际模态，教师突出分歧后，学生会清楚哪些是矛盾的信息，也向学生指出了多模态阅读中批判维度的重要性。

（3）文章处理

教师用粉笔在操场上按 1∶100 的比例标出海洋中这些不同层次的深度，然后把真实的深度与书中图片呈现出来的深度进行比较。

（4）文章阅读（教学要点：信息等级）

①信息等级：文本特征

教师通过对文本的主要特征命名把学生的注意力引向文章的结构。文章结构包括：主标题（main heading）、引言（introduction）、副标题（subtitle）、描述文字（descriptive paragraph）、附加事实（additional facts）。

教师挑选一些学生事先准备好的结构标签贴到信息报告上对应的位置，并强调字号大小和每一部分的位置以帮助学生对信息报告的不同部分进行区分。教师还可以鼓励学生讨论以下设计的原因：引言放置于主标题之下；主标题的字号最大；引言使用中等字号；描述文字的字号较小；图表标题和附加信息使用的字号最小。

这些视觉读写元素可能会被学生忽视，因为在教师的经验中，有些二语学习者往往专注于翻译课文中的文字，不会注意到其文本特征。这些视觉读写元素提供的线索可以帮助学生进行文章预测练习，对不熟悉的词汇进行解码，并获得对主题的整体认识，而不是仅仅记住信息片段。

②信息等级：标签

海洋生物图像边上的小标签标明了这些海洋生物与其栖息地的联系。但由于尺寸太小，这些标签被淹没在了整体版式当中，被强烈的背景色彩和其他图像混淆。事实上，它们能提供许多附加信息以防止学生对图像的内容产生错误假设。例如，"微明区"旁边的章鱼图片可能会让学生误认为这是章鱼的栖息地。但是旁边的斜体小标签上写着"章鱼和乌贼生活在所有的海洋地区包括微明区"。如果学生因为这个小标签的文字过小且模糊而忽视它的重要性，那么他们就会得到错误的信息。

2. 引导阅读

引导阅读时教师需要使用相同话题的另一篇文章，这点对外语学生来说尤为重要，这不仅可以帮助学生巩固新词汇和语法结构，还能让学生对内容和文章形式更加熟悉，有助于学生以批判性的视角审视主题。

（1）文章介绍

教师让学生讨论文本中的图像与前一文本中获得的经验知识以及自己已有的相关知识有何联系，并让学生预测文章内容，学生所有的发言都被记录并展示出来。这些活动能进一步巩固新的词汇和语法结构，以及在示范阅读中展示过的跨模态和批判性阅读实践。在为阅读做准备时，教师应该和学生一起回顾信息报告的典型结构，并让学生在引导阅读文本中与之不同的部分贴上结构标签。

（2）文章阅读

①成对阅读

全班学生先默读文章，然后学生配对朗读文章的某一部分，注意学生的朗读质量，尤其是失误的地方，并注意学生遇到不熟悉的词汇时如何处理，让学生说出文章中图像表达的意思，联系已有知识说明阅读目的，鼓励学生讨论文章的目标读者是谁，"谁可能需要这类信息？"

②版式：主题句和描述文字

在文章中，熟悉的内容出现在左边，这是一幅巨大的地球卫星图片，显示了大洋的信息，新信息（即大洋的分区）出现在页面右边，这与示范阅读文章的版式不一致，在示范阅读中使用的是垂直线性方式。教师鼓励学生去思考两种版式的原因，就为什么作者和编辑选择这种版式提出看法。

③背景和框定（framing）

图片中的背景颜色模仿的是不同层次海洋的颜色——表层是蓝色，中层是海军蓝，最深层是黑色。页面的背景是另一种蓝色，与照片形成对比。这种框定技巧可以把图片与文本的其他部分区分开来。示范阅读文章中把动物图像作为背景的一部分，没有把对应文字与动物隔离开来，强调海洋动物与其栖息地之间的联系。示范阅读文本使用了极少的框定：每段文字界定不同的海洋层次，段与段之间用白色宽边水平线隔开，细黑线框定"关于鱼类的事实信息"，表示这是添加的信息。在引导阅读时，学生讨论框定的目的并比较两篇文章中框定使用的不同之处。

（3）文章处理

①形容词

因为文章没有用标题来说明不同的海洋区域，二语学生可能无法清楚理解 surface、deeper、middle 和 deepest 这些词义的区别。因为没有度量标准来显示海洋深度，也没有图片来帮助学生理解这些词汇，所以教师可以利用这个机会和学生探讨比较级和最高级，同时使用背景中的刻度将语法概念与书中的经验学习结合起来。

②比较文章之间的信息差异

教师让学生比较两篇对章鱼的栖息地进行描述的文章，示范阅读文章中介绍章鱼可以居住在大洋的三个层次中，而引导阅读文章中却说章鱼住在中间层，这样的对比可以强调完整研究的需要。教师让学生做一个表格（如表8-2所示），一栏是相同点（Similarities），一栏是不同点（Differences）。小组在文章比较的过程中记录下自己的观察并在课堂总结阶段与全班同学分享自己的想法。

表8-2　章鱼栖息地

Octopus 章鱼		
	Article 1	Article 2
Similarities		
Differences		

（4）回顾阅读

在这个阶段，学生两人一组或三人一组再次读文章，完成以下回顾阅读任务。例如，①在文章里标示出需要编辑和修改的地方：删除边缘信息，给出更多例子，保证对新的专业术语进行界定，改变现有图像或加入附加图像等。②向作者或文章编辑提出一系列的问题。③对图像进行注解，表明图像和文字的关系，以及它们所表达的视觉意义。

复习任务可以分小组完成，任务完成后，将学生重新分组，保证小组中新的成员都讨论过不同的问题，给学生时间来交换并讨论他们的答案，小组成员讨论彼此对文章看法的相似之处和不同之处。

3.阅读和写作

课堂活动的下一步是帮助学生读一篇新文章，获取其中的信息，然后写一篇关于海洋生物及其栖息地的报告。教师要求学生去研究不同种类的螃蟹，并向学生提供相关的网站以获取信息。但是，在学生自己寻找信息之前，教师使用与螃蟹有关的文章进行引导阅读活动，具体活动描述如下。

（1）引导阅读

①使用标签

教师让学生考虑文章中描述两张馅饼皮蟹（pie crust crab）图像的标签。有的标签使用很长的名词词组，如"huge, blunt pincers with serrated（notched）edges for grasping food"，有的图片标签则包含很长名词词组的句子，例如"Sharp claws at the tip of each leg give the crab extra grip for scrambling over rocks."。标签中信息的密度以及对较长的名词词组的陌生感会给外语学生的理解带来困难。因此，学生需要探究两个问题：一是要写一个基础的句子需要什么元素（名词、代词、动词以及其他的句子成分）；二是什么是名词词组，名词词组与句子有何差别，以及为什么名词词组只充当句子的一部分。

教师设计表格来探讨这些概念（表8-3），教师首先使用学生熟悉的事物，然后逐渐增加名词词组的难度，最后使用在讨论文章中出现的名词词组。

表8-3　探讨复杂名词词组构成

No.	Describer	Thing/Noun	Extra information
two	large	hamburgers	
two	large，mouth-watering	hamburgers	with extra cheese
two	large，mouth-watering MacDonalds	hamburgers	with extra cheese that ran over the edges
two	huge	pincers	
two	huge，blunt	pincers	with serrated（notched）edges
two	huge，blunt	pincers	with serrated（notched）edges for grasping food

②过渡图片

这篇文章使用的图片是自然环境中的螃蟹，没有背景，且图片上的标签标明了螃蟹身体各个部位的名称。这些图像更像是概念图而不仅是螃蟹的照片，因此可以视为一种过渡性的图片。过渡图片的功能是让低龄读者从看得懂真实的图片过渡到看得懂更抽象的概念图，这样的真实图片在今后会经常出现在科学课本中。当他们学习更加复杂的科学概念时，就会更加需要解读概念图的能力。

（2）示范阅读和写作（研究螃蟹并写报告）

这时需要使用电脑，教师向学生展示如何使用表格来记录关于某种螃蟹的关键信息（从澳大利亚博物馆在线网站上选择，https：//australianmuseumnet.au/crustaceans）。教师向学生解释他们要写一份关于某种螃蟹的信息报告给同年级的其他学生看。他们可以选择 the ghost crab、the swift-footed crab 或 the soldier crab。

教师以"the ghost crab"为例向学生展示如何收集所需的信息，向学生展示如何在网站上找到螃蟹种类的列表，以及如何完成以下内容：

①填写螃蟹的分类信息。

②在 Appearance 一栏下画出螃蟹的图案，并根据其特点做出标注（如 large eyes at the end of short eye stalks）。标注时不要使用句子，鼓励使用名词词组，鼓励学生多做笔记，因为做笔记可以在较短的时间里记下更多的信息。

③在文章中找到有关 Diet 的信息，并以要点形式快速简洁地记录信息。

④在网页上找到栖息地信息，并在 Habitat 一栏的地图中标示出来。

⑤在地图下方写上其他信息的要点，例如 tropical and sub-tropical Australia。

学生两人一组使用一台电脑来研究选定的螃蟹并在记录表上记笔记（如表 8-4 所示）。

表8-4 记录表

Crabs:	Internet link: https://australianmuseumnet.au/crustaceans
Classification: What animal is it?	
Appearance: What does it look like? **Diet:** What does it eat?	**Habitat:** Where does it live? （Please draw a map）
Name:　　　　　**Class:**　　　　　**Date:**	

教师宣布下一项任务，即根据记录写一份信息报告。教师利用展示的记录示范如何写报告，同时在黑板上写下很多的句子开头供学生在写作活动中参考（如表 8-5 所示）。这些句子开头包括单数或复数形式的 crab 和其他代词，鼓励学生使用他们所学过的主谓一致规则并减少写作中的重复。

第三节 多元读写教学

表8-5 可供使用的句子开头

Singular	1	Plural	many
		Crabs	The Crabs
A crab	The crab	They	These crabs
It	This crab	All crabs	Most of these crabs
The swift-footed crab	This crustacean	Swift-footed crabs	These crustaceans

学生自己修改完草稿后，其他学生和教师再进行修改，然后再给学生提供材料来完成最终稿（空白的 A4 纸，一副小的空白地图和修改过的稿子）。

此时，教师针对版式进行示范写作，帮助学生分析自己信息报告中可能会使用的版式，这是一个复习并巩固先前讨论过的不同风格和版式的机会。教师给学生提供一系列字体，学生为主标题选择一种书写风格。教师展示如何在表格中画螃蟹，解释为什么把图像放在某个位置，例如，"我把螃蟹画在页面中间是因为它是报告的主题，中间位置强调它的重要性"。接着，教师给螃蟹身体的所有重要部位附上说明标签。然后，继续展示介绍性文字和描述性的文字可能安排的位置，例如主题句需要放在主标题下面并用中等大小的字体。最后，"Habitat"内容附近画一张小的世界地图，在地图上标出 ghost crab 的栖息地，并附上螃蟹食物的图片。

学生完成自己的信息报告后，教师要求学生把信息报告扫描并使用 PPT 来制作自己信息报告的超链接版本，信息报告扫描后形成图像文件，再把图像裁剪为几部分，例如标题图像、介绍信息图像、描述文字、螃蟹图像和栖息地位置地图。把标题和主要文本放在一张 PPT 页面上，其他信息图像放在后面几页，并利用超链接把第一页和后面几页连接起来。教师要向学生解释 PPT 文件就像是一个网站，在制作网站之前学生要考虑清楚为什么他们要为螃蟹制作一个网站，网站的浏览者可能是谁。教师指出网站可以让世界上所有人访问，所以他们的目标读者人数很多。

在上文描述的多模态英语教学中，教师以内容为依托来设计教学，清晰地呈现了从读到写，从示范到引导再到独立读写的教学过程，包括文字读写、视觉读写、数码读写等内容。其中需要我们特别关注的有四点：（1）批判意识。教师在示范阅读和引导阅读中使用了不同的文本，并对文本中图像与文字的关系进行了对比分析，引导学生分析图像如何表达信息，并引导学生发现图像有时不一定能完全准确地表达信息。学生在今后的阅读中一定会特别关注图像和信息的关系，而非仅仅接受文字中的图像，这种批判性的思维方式正是当今教育大力提倡的。（2）教师的支架作用。本课以内容学习为依托，教师为学生的语言表达设计了多种支架，如单复数的使用和复杂名词词组的构成，并为报告中的信息组织提供了示范和帮助。设计支架时，教师考虑到学生对语言和信息的接受度：从陌生到熟悉，从简单到复杂。这些支架足以保证学生能够顺利完成语言学习任务。（3）多媒体的使用。教师在课堂中引导学生使用网络来查找信息，并在写作的基础上制作出模拟网站运行的多媒体文件，这不仅是对写作的升级，也使学生能够把抽象的语言学习与现实的信息世界结合起来，为语言和内容学习提供一个合适的平台，这恰恰是外语学习者非常需要的学习环境。（4）教师对文本中版式的重视。图片的位置、字号的选择都能帮助说明文本的结构和信息的安排。版式已经成为文本的一部分，教师在内容和语言学习时强调版式的作用也是在发展学生的读写能力，这也是多元读写的内容之一。

在中国进行外语多元读写教学，情况有几点不同：（1）教学内容。教师一般有统一的教材和教学安排，外出参观也是有规定的。如果教师为了学生的语言学习而安排其他活动来丰富学生的经验，是需要勇气的。（2）学生的外语水平。由于地区经济文化等差异，有些地区学生的外语水平不足以支持以外语为媒介的内容学习。与此同时，作为外语教师，我们应该考虑学生的真实生活与教学内容之间的差距，并尽力缩小这种差距，尽力在教学中培养学生应对将来的生活和学习所需的能力。尽管外语教师无法选择学习的内容，但是这并不妨碍他们以话题为单位进行对比性、批判性的阅读和写作，并利用传统和现代的多种模态进行读写教学。多元读写教学源于现实的需要，"多元读写"这一概念从提出到现在已经有 20 多年，在这 20 多年间科技又发生了革命性的变化，如果教师不能够对变化做出及时的反应，那么，学生所获得的读写能力可能就是不完整的或者是落后于时代的。

我国的多元读写教学中，教师经常使用的方法包括使用 PPT 教学，网络师生互动学习，即"教师指导学生了解、使用相关的学习软件和网络媒体，并通过电子邮件、QQ 在线等形式对学生进行答疑解惑，积极对学生进行教材之外的多元化信息输入"[282]，指导学生利用网络等多种媒体资源，查阅文献、做访谈、制作 PPT 并在课堂上展示自己的成果等。同时，教师引导学生课外阅读各种模态的报纸、杂志，例如纸质和电子版的英文报纸以及浏览网络媒体等，培养学生的多模态文化信息读取能力，使学生更容易接受教学内容。研究表明，多模态 PPT 演示教学模式有利于改变学生的学习态度，在认知、态度、情感上，学生对英语学习都会产生积极的态度变化，并能开拓学生视野，使学生的信息提取和处理能力得到提高[283]。张德禄和刘睿认为大学生多元读写能力应该具有四个方面的内容：素质、专业、技术、操作。在这个框架中技术和操作是指对多媒体和信息进行操作和加工的能力，素质是指道德读写能力、社会交往读写能力、创新改革读写能力，专业是指除了语言和非语言读写能力外，还包括跨语言、跨文化读写能力[284]。中小学的外语读写教学同样可以基于这四个方面的内容进行读写教学设计。

对比澳大利亚二语教师和中国教师进行的多元读写教学实践，我们发现尽管学生只是二年级小学生，但是澳大利亚教师不仅重视让学生进行跨文本批判性阅读，而且非常强调文本中的多种模态对意义的影响，以及版式结构对文本理解的作用。中国教师积极使用多种方式建立与学生之间的联系，扩充学生的信息输入渠道，但是在信息加工方面似乎更加注重信息的渠道而非信息本身。所以，将多模态和多媒体与教学内容进行更紧密的结合，并为学生提供细致的指导以帮助学生获得多模态读写能力是中国教师有待提高的方面。

（二）批判性读写教学

批判性读写（critical literacy）是多元读写的重要组成部分，批判性读写关注文本和语篇如何在社会环境中表征世界、建构身份并对读者进行定位[285]。Lewison、Leland 和 Harste[286]3 认为批判性读写鼓励学生使用语言对生活的世界进行质疑，对语言和权力之间的关系进行质疑，去分析流行文化和媒体，去理解权力关系是如何在社会中建构起来的，并考虑如何采取行动来提升社会公平。批判性读写与批判性思维能力（critical thinking）有很大差异，前者主要关注对社会实践行为的理解和不公平的权力关系[286]，后者则主要关注逻辑和理解。这些概念及观念在传统的外语教学中并不常见。

多模态读写对图像的识解也属于批判性读写的一部分，例如上文教学设计中教师引导学生对图像与文字之间的对应关系或矛盾关系进行分析。除识解图像之外，批判性读写可以发生在所有体裁和内容的文本中，如历史、政治、文学以及科技文本这类一般意义上的事实性文本中[287]。Gebhard、Chen 和 Britton 汇报了他们通过使用系统功能语言学（Systemic Functional Linguistics，简称 SFL）的元语言来培养二语学生读写能力的实践[288]，他们采用了 Martin[289] 的体裁理论来指导学生对学科语篇进行解构和建构。例如，在对历史语篇进行分析时，他们会使用 outcome（结果）、factors（原因）、reinforcement of factors（强化因素）这样的元语言；对生物语篇进行分析时，会使用 orientation（介绍）、record of events（过程）、evaluation（评价）等元语言；对科技语篇进行分析时，则使用 statement of introduction（介绍）、interaction of factors（原因作用）、closing（结果）等元语言。学科语篇与普通语篇以及不同学科语篇之间往往表现出较大的差异，而这些差异往往通过语言表现出来。如果学生能通过元语言对语篇差异进行分析，那么他们就能够成功对学科语篇进行解构，并可能进入学科知识体系并获得学科学习的主动权。

除了这些表示语篇结构的元语言外，他们使用的元语言还包括过程（processes）、参与者（participants）、主位（theme）、述位（rheme）、名词化（nominalization）等，他们在课前 10 分钟的小讲座中会利用这些元语言与学生共同对简单语篇进行分析和讨论，然后再引导学生在阅读和写作中使用元语言来分析学科语篇并修改自己的作文。经过一年的学习后，学生的阅读成绩有了显著提高。参加项目的教师也认为元语言能帮助她和学生一起深入到文本之中，还能帮助她把词汇、语法、阅读、写作和内容联系起来，共同搭建学术读写能力，而不是在不同的主题和体裁间进行跳跃，例如今天学诗歌，明天学小说。

当然，批判性读写的方法和途径不只是系统功能语言学理论，教师可以利用多种个人资源、社会资源和文化资源来指导学生对语篇中的社会实践和权力关系进行批判，教师需要拥有批判的视角并引导学生养成批判性阅读的习惯，读写能力作为结果从批判性读写活动中获得提升。Gee 在描述阿司匹林药瓶上的说明时指出，药品说明似乎包含两种不同的声音，一个声音听起来像是一位经验丰富的律师，他的立场是捍卫药品公司的权利，如果消费者以未经授权的方式使用药品并伤害了自己或自己的孩子，这个声音就会告诉他："如果你没有按照我们的说明来做就别想控告我们，我们事先已经警告过你了。"第二个声音来自一个权威和博学的人，他解释了负责任地使用产品的重要性，但是这个声音听起来更加友好，似乎在向消费者保证阿司匹林与柜台里的其他药品一样无害，这个声音似乎在说："嘿，服用阿司匹林没什么大不了的，但是我们想要确保你不出问题，因为我们真的关心你。"[290]25 从 Gee 的分析可以看出，任何语篇的中立性都值得怀疑，这要求我们在指导学生阅读时要谨慎。

个人资源和文化资源在批判性读写中的使用非常广泛，可以使用的资源包括：个人经历、社会问题书籍、流行文化和媒体、家庭读写、教科书、口头语篇、母语以外的其他语言能力、学生的愿望和兴趣以及社区事件、国家事件和国际事件等[286]7。在讨论 TESOL（teaching English to speakers of other languages，即作为外语的英语教学）时，Pennycook 曾经说过："性别、种族、阶级、性和后殖民主义对身份和语言来说是根本性的，它们需要成为课程组织和教学方法的基础。"[291] 批判这一原则适用于语言学习，更加适用于读写学习。

（三）多元读写评价

在上文中我们详细展示了如何进行多模态教学，如何充分利用语篇本身的模态资源来进行意义的解读。而除了教学外，我们还需要考虑如何对多元读写进行评价，评价时以语言为中心，还是以设计为中心。

要对多元读写能力进行评价，首先要清楚评价的目的和理清多元读写所包含的内容，这样才可能通过测试获取我们想要的信息，即达到测试的效度。与过去相比，目前有很多的因素在改变传统读写的概念，例如技术的发展、经济全球化、信息的激增、终身教育、文化多样性、跨文化研究的扩展、新的教学和学习时间、灵活的授课模式以及对传统做法的批判和怀疑等。在这些因素的影响下，扩大读写能力则包括信息读写、技术素养、媒体素养、批评素养、数码读写，所以现在的读写能力必须包括阅读和解释媒体（文字、声音、图像）的能力，通过数码操作来产生数据和图像的能力，以及对从数字环境获得的新知识进行评价和应用的能力，这些能力在互联网的作用下呈现开放状态，因为互联网这一革命性的技术本身就在不断重塑读写能力。要对多元读写进行评价，语言只是其中一个维度，我们要看各种模态如何统一起来为意义的表达服务。

由于多元读写具有丰富的内涵，我们无法对其进行大范围的标准化测试。而若要测试学生的复杂思考能力和问题解决能力，则需要为学生设计适合的任务，就学生的表现根据多样化的材料进行评价。Adsanatham[292]建议用一种有效的方式把多模态测试与教学结合起来，他建议学生参与制订评价多模态语篇的标准，学生需要思考以下七个方面来达到所要求的水平：（1）图像（images）；（2）声音（sounds）；（3）转换（transitions/screen transitions）；（4）字母文本（alphabetic texts）；（5）清楚（clarity）；（6）说服力（persuasiveness）；（7）安排/序列（arrangement/sequence）。

学生对每个方面要达到的目标都要列举几条明确的描述，不能用good 和 nice 这样模糊的表述。学生还需要根据自己制订的评价标准对教师给出的多模态文本进行评价，并陈述自己给出评分的原因。

目前对多元读写能力评价采用较多的一种手段是学生利用 PPT 进行口头汇报，当教师对学生的口头汇报进行评价时，大部分教师重点关注的是语言的流畅性和准确性，即使 PPT 的设计也是测试的一部分，教师也往往重视语言内容，而忽视非语言的意义模式。针对这种情况，Cope 等强调读写素养的本质发生了改变，相应地对当今多模态的读写行为的评价也要有所更新，教师的任务不仅是设计出满足当今读写要求的教学策略，同时也要设计出恰当的测试方法，以便更准确地反映和测试出学生读写多模态语篇的表现[293]。

Hung、Chiu 和 Yeh[294]根据新伦敦小组建议的五种设计模态（语言、视觉、手势、听觉、空间），对学生在每种模态上要达到的水平进行了说明，例如他们对语言设计和视觉设计上的评价方面表述如表8-6所示[294]：

表8-6

设计特征	评价问题
语言设计	（1）语言内容是否可以理解，有无重大的语法错误？ （2）语言内容是否以逻辑和有组织的方式组织？ （3）多模态语篇中表现出的语言设计是否促进或限制作者的意义交流？
视觉设计	（1）作者是否采用了视觉主题？ （2）作者是否仔细设计了颜色和类型来表现选择的视觉主题？ （3）作者是否有意义地使用了视觉元素，例如用图表以连贯的方式建构意义？ （4）多模态文本中的视觉设计是否促进或限制了作者的意义交流？

他们对我国台湾的公立大学的学生进行了为期18周的英文口头汇报培训。他们依据评价说明，对实验组学生的口头汇报进行了口头说明和书面说明，对控制组的学生只进行了口头的总体评价，对实验组的形成性评价说明是唯一的干预措施。结果表明，学生收到明确的、具体的形成性评价显著促进了他们在五个方面的表现。

因为对多元读写的评价与传统评价有很大差异，学生首先需要明确多元读写的评价标准，然后需要在标准的各个方面接受更清晰明确的说明和指导。正因为多元范围可能使学生产生更多的不确定性，学生如果在学习过程中接受教师的形成性评价指导，就有可能把多元读写评价与多元读写学习结合起来，形成完整的多元读写能力。

在上文介绍的正式多元读写教学与评价中，多是以教师为读写学习中心。而在非正式的环境中，更多的是学生利用各种资源进行非正式读写学习，这也是我们接下来要讨论的内容——如何侧重读写学习的新渠道，使学生能不受环境限制进行学习。

二、非正式读写学习

正式课堂读写学习的优势在于时间固定、人员集中、目标明确、权威性高，而非正式读写的优势则在于时间灵活、接触面广、选择机会多、经验真实。二者紧密相连，非正式读写为正式读写学习提供了支持，使课堂的读写学习活动更为有效。例如，在上文介绍的多模态读写教学中，课程开始之前，教师组织学生去海洋馆参观，为学生提供语言和课程学习需要的经验。近年来以互联网和数字产品为媒介的数字读写活动使学生的生活不再受时间和空间的限制，电子文本与其他文本、图片、声音和视频有机结合，形成有效的视觉冲击，使学生更能感受到读写的乐趣与挑战[295]。同时，数字环境和多种传播渠道使得学生的读写世界更加复杂，教师和家长需要帮助学生在读写资源和活动中进行选择和分类，学生可以在课堂上学习基本方法，交流经验和知识，在课外通过多种渠道体验生活，获得经验，支持课堂学习。

课外外语读写学习的问题有：（1）缺乏有效指导。许多家长并不具备指导学生外语读写学习的能力。（2）缺少动机。如果没有养成良好的阅读习惯，学生可能不愿意进行课外外语阅读。（3）缺少合适的材料。大量的课外阅读是提高阅读能力的基本条件。以前，外语读物特别是适合学生水平的读物在国内并不多，学生很难不限时间、不限地点且充满兴趣地学习，并获得及时反馈。不过，目前教育市场已经出现了丰富的、为外语读写提供服务的 APP 产品，这些产品可在移动智能设备上使用，方便学生随时学习。比如有的应用软件针对英语阅读设计了分级阅读体系，学生可以反复多次地听读或朗读分级读本，再完成阅读理解练习。这类软件大多会考虑学生阅读的动机因素，学生通过阅读可以获得获取积分，并利用积分购买相应玩具装备。这种游戏式的升级阅读可以有效地吸引学生进行阅读。

在写作学习领域，学习者更需要的是在内容和形式上具体的、有效的指导和帮助，即帮助学生思考，并帮助学生把思考转化为写作，走好写作过程的每一步。在此过程中，教师可以推荐学生采用文字处理软件来帮助写作。文字处理软件对写作的帮助在多年前就已经得到了实证研究的支持，例如学生使用编辑软件能写出更长的文章，而使用写作软件的学生在写作质量上也有显著提高[296]。目前写作软件沿两个方向互补发展：一是给使用者提供更智能化的反馈，二是发展更灵活和个性化的写作工具以缩小思考和写作之间的差距。

目前国内已有写作服务网站，教师可以使用此服务在网上布置作文题目，收作文。在对作文进行批改时，写作服务网站以标准语料库为基础，测量作文与语料库之间的距离，能够从词汇、句子、篇章和内容相关四个方面为作文打分，指出句中存在的拼写、语法、词汇、词块、搭配等错误，给出修改建议，并提供特定知识点的搭配推荐、参考例句。学生收到修改意见后还可以反复提交作文以获得一个较高的分数。在写作教学中使用这类服务网站能减少教师的工作负担，同时能达到让学生多练习的目的。教师可以利用学生的这些写作数据更有针对性地进行作文讲解，并把重点放到写作的思想表达上。

在使用网络和电子产品帮助读写学习的过程中，我们要抓住多元读写的核心，即批判和多模态。无论是阅读的跟进还是写作技术的发展，它们所要服务的对象是学生对各种模态所表示意义的理解和批判性的接受，以及运用多种模态和结构来有效传递信息的能力。而这些能力都需要在教师的设计中得到实现，在真实的多模态读写中得到发展。

本章小结

本章讨论的主要内容有：（1）多元读写概念的由来和多元读写的内容；（2）培养青少年多模态读写的能力就是帮助他们从所处环境中有效获取信息和表达信息；（3）介绍了一堂澳大利亚教师的多模态读写课，并对中外教师的多元读写教学进行了对比；（4）教师设计多元读写活动时，应该以内容为依托，从语言、多模态、批判性三个维度来考虑；（5）在对多元读写进行测试时，教师应该采取形成性评价的方式，让学生了解评价的标准，并及时给出反馈。

结 语

前面各章我们阐述了听说与读写的紧密联系、读写教学设计的平衡性、以实证研究为基础和以显性方式来设计读写教学的方法，以及读写与思维培养的关系。全书以人本主义为基础，强调为青少年读写能力发展创造必要条件，尊重学习者间的个体差异。

对学生读写能力、阅读兴趣和思辨能力的培养贯穿在家长和教师的引导、读写材料的选择、课堂教学和阅读分享等方面。阅读材料应题材多样，文体不同，长短适中，内容丰富，文字优美，难易恰当，生词量不多不少，语言现象可圈可点，学生学起来爱不释手，教师教起来称心如意……

在教学中培养学生的阅读和思考能力，教师首先要有思辨能力的意识。一名热爱阅读并具有思辨思维的教师更有可能培养出有良好阅读习惯、有思想的学生。正如一名学生在我们的阅读课程反思中所说："老师本身是一个批判性思维者，她在阅读课上不管是对文章的分析，还是对事物提出自己的观点，都经常能有自己独到的看法，富有敢于质疑的勇气。老师言行本身所表现出的批判性思维，我们大家能够深受感染，感受到批判性思维的魅力……"

其次，要培养学生的阅读习惯和批判性思维，教师要转变角色、改变教学方法。在阅读课上，教师可以引导学生去思索、质疑所读并寻求答案[①]。

---

① 罗少茜，李红梅. 阅读的力量和热情——通过"阅读圈"燃起学生对英语阅读的热爱［J］. 中小学课堂教学研究，2016（增刊1）：12-16.

我们希望学生不仅有意识地培养自己的读写能力，广泛阅读，而且乐于接受挑战。我们建议给学生整本书进行深度阅读，即为获取信息而阅读、为获取快乐而阅读①。学生的阅读兴趣和阅读习惯不是一日练就，而是需要长期培养的。教师的职责就是引领学生从阅读中获取乐趣和吸取知识，从思考中获得智慧，从问答中赢得灵感，从写作中提升语言和思辨能力。

在此，我们以培根的话来结束本书："读书使人渊博，交谈使人机敏，写作使人严谨。"阅读不仅使我们成为完整的人、给我们带来智慧和惊喜，而且带我们去到我们的心灵从未去过的地方。放弃阅读就等于失去世界。让我们一起开始阅读以让自己渊博，开始交流和分享以使自己机敏，开始写作以使自己严谨。

---

① English programmes of study: key stage 3, national curriculum in England，详见 http://www.gov.uk/government/uploads/system/uploads/attachment_data/file/244215/SECONDARY_national_curriculum_-_English2.pdf

参考文献

［1］王波，王芳. 儿童读写萌发的研究进展［J］.中国特殊教育，2013（4）：90-96.

［2］MORROW L M. Literacy development in the early years: helping children read and write［M］. 3rd ed. MA：Allyn and Bacon，1996：49，128.

［3］CLAY M M. Emergent reading behaviour［D］. Auckland：University of Auckland，1966.

［4］JUSTICE L M，PULLEN P C. Promising interventions for promoting emergent literacy skills: three evidence-based approaches［J］. Topics in Early Childhood Special Education，2003，23（3）：99-113.

［5］WHITEHURST G J，LONIGAN C J. Child development and emerging literacy［J］. Child Development，1998，69（3）：848-872.

［6］TEALE W H，SULZBY E. Emergent literacy: reading and writing［M］.New York：Ablex Publishing Corporation，1986.

［7］HAWKIN D. The root of literacy［M］.Boulder：The University of Colorado，2000.

［8］HEATH S B. The function and uses of literacy［J］.Journal of Communication，1980，30（1）：123-133.

［9］TAYLOR D. Family literacy: young children learning to read and write［M］.Portsmouth：Heinemann Educational Books，1983.

［10］STORCH S A，WHITHURST G J. Oral language and code-related precursors to reading: evidence from a longitudinal structural model［J］.Developmental Psychology，2002，38（6）：934-947.

［11］National Institute for Literacy. Developing early literacy:

report of the National Early Literacy Panel [EB/OL]. http://www.nichd.nih.gov/publications/pubs/documents/NELPReport09.pdf

[12] HANSER G. Emergent literacy for child with disabilities [J]. OT Practice, 2010, 15 (3): 16–20.

[13] NICHD Early Child Care Research Network. Pathways to reading: the role of oral language in the transition to reading [J]. Developmental psychology, 2005, 41 (2): 428–442.

[14] CAMPFIELD D E, MURPHY V A. Elicited imitation in search of the influence of linguistic rhythm on child L2 acquisition [J]. System, 2014, 42 (1): 207–219.

[15] TARONE E, BIGELOW M, HANSEN K. Literacy and second language oracy [M].Oxford: Oxford University Press, 2009: 15, 115.

[16] HARDY B. Towards a poetics of fiction: an approach through narrative [M]// MEEK M, WARLOW A, BARTON G. The cool web: the pattern of children's reading. London: Bodley Head, 1977: 12–23.

[17] GREGORY R L. Psychology: towards a science of fiction [M]// MEEK M, WARLOW A, BARTON G. The cool web: the pattern of children's reading. London: Bodley Head, 1977: 393–398.

[18] PRICE J, HAYNES N M. Scaffolding early literacy development[M]// HAYNES N M. Promoting early language and literacy development. Lanham, Maryland: University Press of America, 2008: 71–81.

[19] PALEY V G. Wally's stories: conversations in the kindergarten [M]. Cambridge, Mass.: Harvard University Press, 1981.

[20] PALEY V G. The boy who would be a helicopter: the uses of storytelling in the classroom [M].Cambridge, Mass.: Harvard University Press, 1999.

[21] ANTHONY J L, WILLIAMS J M, MCDONALD R, et al. Phonological processing and emergent literacy in younger and older preschool children [J]. Annals of dyslexia, 2007, 57 (2): 113–137.

［22］BRYANT P E, MACLEAN M, BRADLEY L L, et al. Rhyme and alliteration, phoneme detection, and learning to read［J］. Developmental psychology, 1990, 26（3）: 429-438.

［23］CATTS H W. Speech production/phonological deficits in reading-disordered children［J］. Journal of learning disabilities, 1986, 19（8）: 504-508.

［24］DE JONG P F. Phonological awareness and the use of phonological similarity in letter-sound learning［J］. Journal of experimental child psychology, 2007, 98（3）: 131-152.

［25］BLACHMAN B A. Early intervention for children's reading problems: clinical applications of the research in phonological awareness［J］. Topics in language disorders, 1991, 12（1）: 51-65.

［26］PUOLAKANAHO A, AHONEN T, ARO M, et al. Developmental links of very early phonological and language skills to second grade reading outcomes［J］. Journal of learning disabilities, 2008, 41（4）: 353-370.

［27］TORGESEN J K, MORGAN S T, DAVIS C. Effects of two types of phonological awareness training on word learning in kindergarten children［J］. Journal of educational psychology, 1992, 84（3）: 364-370.

［28］WAGNER R K, TORGESEN J K, RASHOTTE C A. Development of reading-related phonological processing abilities: new evidence of bidirectional causality from a latent variable longitudinal study［J］. Developmental psychology, 1994, 30（1）: 73-87.

［29］TORPPA M, POIKKEUS A M, LAAKSO M, et al. Predicting delayed letter knowledge development and its relation to grade 1 reading achievement among children with and without familial risk for dyslexia［J］. Developmental psychology, 2006, 42（6）: 1128-1142.

［30］National Institute of Children Health and Human Development. Report of the National Reading Panel—Teaching children to read: an evidence-based assessment of the scientific research literature on reading and its implications for reading instruction [R]. Washington, D. C.: U. S. Government Printing Office, 2000.

[31] BYRNE B, FIELDING-BARNSLEY R. Evaluation of a program to teach phonemic awareness to young children [J]. Journal of educational psychology, 1991, 83 (4): 451-455.

[32] SCOTT V G. Phonemic awareness: ready-to-use lessons, activities, and games [M]. 2nd ed. California: Corwin Press, 2009: 10-49.

[33] WALSH D J, PRICE G G, GILLINGHAM M G. The critical but transitory importance of letter naming [J]. Reading research quarterly, 1988, 23 (1): 108-122.

[34] EHRI L C. Phases of development in learning to read word by sight [J]. Journal of research in reading, 1995, 18 (2): 116-125.

[35] ISRAEL S E. Early reading first and beyond: a guide to building early literacy skills [M]. California: Corwin Press, 2007: 17-60.

[36] PARIS A H, PARIS S G. Assessing narrative comprehension in young children [J]. Reading research quarterly, 2003, 38 (1): 36-76.

[37] 张允, 李英杰, 刘佳. 试论汉语拼音在英语语音教学中的作用 [J]. 基础教育外语教学研究, 2005 (1): 34-36.

[38] BELL D, JARVIS D. Letting go of "letter of the week" [J]. Primary voices K-6, 2002, 11 (2): 10-24.

[39] 孔普. 如何高效阅读 [M]. 张中良, 译. 北京:机械工业出版社, 2015: 100.

[40] HARRIS A J, SIPAY E R. How to increase reading ability: a guide to developmental remedial methods [M]. 9th ed. New York: Longman, 1990: 10.

[41] DAY R R, BAMFORD J. Extensive reading in the second language classroom [M]. Cambridge: Cambridge University Press,

1998: 12.

[42] PLAUT D C. Connectionist approaches to reading [M] // SNOWLING M J, HULME C. The science of reading: a handbook. Oxford: Blackwell Publishing Ltd., 2005: 1.

[43] SEIDENBERG M S. Connectionist models of reading [J]. Current directions in psychological science, 2005, 14 (5): 238-242.

[44] SEIDENBERG M S, MCCLELLAND J L. A distributed, developmental model of word recognition and naming [J]. Psychological review, 1989, 96 (4): 523-568.

[45] SNOW C E, BURNS M S, GRIFFIN P. Preventing reading difficulties in young children [M]. Washington, D.C.: National Academies Press, 1998: 15.

[46] DAVIS F B. Research in comprehension in reading [J]. Reading research quarterly, 1968, 3 (4): 499-545.

[47] MUNBY J. Communicative syllabus design [M]. Cambridge: Cambridge University Press, 1978.

[48] ALDERSON J C. Assessing reading [M]. Beijing: Foreign Language Teaching and Research Press, 2011: 9-11.

[49] ESKEY D, GRABE W. Interactive models for second language reading: perspectives on interaction [M] // CARREL P, DEVINE J, ESKEY D. Interactive approaches to second-language reading. Cambridge: Cambridge University Press, 1988.

[50] CARVER R P. Optimal rate of reading prose [J]. Reading research quarterly, 1982, 18 (1): 56-88.

[51] CARVER R P. Is reading rate constant or flexible? [J]. Reading research quarterly, 1983, 18 (2): 190-215.

[52] GRABE W. Current developments in second-language reading research [J]. TESOL quarterly, 1991, 25 (3): 375-406.

[53] SMITH F. Understanding reading [M]. New York: Holt, Rinehart, and Winston, 1971.

［54］GOODMAN K S. Analysis of oral reading miscues: applied psycholinguistics［J］. Reading research quarterly, 1969, 5（1）: 9-30.

［55］GOODMAN K S. Process, theory, research: volume 1［M］. London: Routledge and Kegan Paul, 1982.

［56］GOODMAN K S. On reading［M］. Portsmouth, NH: Heinemann, 1996.

［57］GOODMAN K S. Reading: a psycholinguistic guessing game ［J］. Journal of the reading specialist, 1967, 6（4）: 126-135.

［58］GOODMAN K S. Psycholinguistic universals in the reading process ［M］//PIMSLEUR P, QUINN T. The psychology of second language learning. Cambridge: Cambridge University Press, 1971: 135-142.

［59］ANDERSON R C, REYNOLDS R E, SCHALLERT D L, et al. Frameworks for comprehending discourse［J］. American educational research journal, 1977, 14（4）: 367-381.

［60］BARTLETT F C. Remembering: a study in experimental and social psychology［M］. Cambridge: Cambridge University Press, 1932.

［61］ADAMS M J, COLLINS A. A schema-theoretic view of reading［M］//FREEDLE R O. New directions in discourse processing. Norwood, New Jersey: Ablex Publishing Corporation, 1979: 1-22.

［62］RUMELHART D E. Schemata: the building blocks of cognition［M］//SPIRO R J, BRUCE B C, BREWER W E. Theoretical issues in reading comprehension. Hillstale, New Jersey: Lawrence Erlbaum Associates, 1980: 33-58.

［63］PERFETTI C A. Reading ability［M］. New York: Oxford University Press, 1985: 113.

［64］CARRELL P L, GAJDUSEK L, WISE T. Metacognition and ESL/EFL reading［J］. Instructional Science, 1998, 26（1-2）: 97-112.

［65］COADY J. A psycholinguistic model of the ESL reader［M］// MACKAY R, BARKMAN B, JORDAN R R. Reading in a second language hypotheses, organization, and practice. Rowley, Massachusetts:

Newbury House Publishers，1979：5-12.

［66］EAGLY A H，CHAIKEN S. The psychology of attitudes［M］. Fort Worth，TX：Harcourt Brace Jovanovich College Publishers，1993：1.

［67］PRATKANIS A R. The cognitive representation of attitudes ［M］//PRATKANIS A R，BRECKLER S J，GREENWALD A G. Attitude，structure and function. Hillsdale，New Jersey：Lawrence Erlbaum Associates，1989：71-98.

［68］AEBERSOLD J A，FIELD M L. From reader to reading teacher：issues and strategies for second language classrooms［M］. New York：Cambridge University Press，1997：116.

［69］LAUFER B. What percentage of text-lexis is essential for comprehension?［M］// LAUREN C，NORDMAN M. Special language：from humans thinking to thinking machines. Clevedon，UK：Multilingual Matters，1989：316-323.

［70］LIU N，NATION I S P. Factors affecting guessing vocabulary in context［J］.RELC journal，1985，16（1）：33-42.

［71］HIRSH D，NATION P. What vocabulary size is needed to read unsimplified texts for pleasure?［J］. Reading in a foreign Language，1992，8（2）：689-696.

［72］GRABE W. Teaching and researching reading［M］. Beijing：Foreign Language Teaching and Research Press，2009.

［73］卢敏，张慧.初中生英语元语言意识、词汇知识与阅读理解的关系［J］.解放军外国语学院学报，2015，38（4）：74-80.

［74］ALDERSON J C. The relationship between grammar and reading in an English for academic purposes test battery［M］//DOUGLAS D，CHAPPELLE C. A new decade of language testing research：selected papers from the Annual Language Testing Research Colloquium. Alexandria，VA：TESOL，1993.

［75］BYRNE D. Teaching writing skills［M］. London：Longman，1988.

［76］TRIBBLE C. Writing［M］. Oxford：Oxford University Press，1996：39.

［77］WEIGLE S C. Assessing writing［M］. Beijing：Foreign Language Teaching and Research Press，2010：4–5，8–9.

［78］MARTIN J R. Genre and literacy-modeling context in educational linguistics［J］. Annual review of applied linguistics，1993，13（13）：141–172.

［79］孙厌舒，王俊菊.二语写作体裁教学研究的回顾与反思［J］.解放军外国语学院学报，2015，38（1）：44–50.

［80］FLOWERDEW J. Discourse community，legitimate peripheral participation，and the non-native-English-speaking scholar［J］. TESOL quarterly，2000，34（1）：127–150.

［81］SWALES J M. Genre analysis：English in academic and research settings［M］. Cambridge：Cambridge University Press，1990：45–58.

［82］DUDLEY-EVANS T. Developments in ESP：A multi-disciplinary approach［M］. New York：Cambridge University Press，1998：154.

［83］HEDGE T. Teaching and learning in the language classroom［M］. Shanghai：Shanghai Foreign Language Education Press，2002：15.

［84］DUBIN F，OLSHTAIN E. The interface of reading and writing［J］. TESOL quarterly，1980，14（3）：353–363.

［85］FITZGERALD J，SHANAHAN T. Reading and writing relations and their development［J］. Educational Psychologist，2000，35（1）：38–50.

［86］陈立平.从阅读与写作的关系看英语写作教学中的范文教学［J］.解放军外国语学院学报，2000，23（6）：67–69.

［87］WIDDOWSON H G. Teaching language as communication［M］. Oxford：Oxford University Press，1978.

［88］DÖRNYEI Z，CSIZÉR K. Ten commandments for motivating

language learners: results of an empirical study [J]. Language teaching research, 1998, 2 (3): 203–229.

[89] WLODKOWSKI R J. Enhancing adult motivation to learn: a comprehensive guide for teaching all adults [M]. 2nd ed. San Francisco: Jossey-Bass, 1999.

[90] GARDNER R C, LAMBERT W E. Motivational variables in second language acquisition [J]. Canadian journal of psychology, 1959, 13 (4): 266–272.

[91] GARDNER R C. Social psychology and second language learning: the role of attitudes and motivation [M]. London: Edward Arnold, 1985: 50.

[92] GUTHRIE J T, WIGFIELD A, VONSECKER C. Effects of integrated instruction on motivation and strategy use in reading [J]. Journal of educational psychology, 2000, 92 (2): 331–341.

[93] DECI E L, RYAN R M. Intrinsic motivation and self-determination in human behavior [M]. New York: Plenum Press, 1985.

[94] WEINER B. Achievement motivation and attribution theory [M]. Morristown, New Jersey: General Learning Press, 1974.

[95] DÖRNYEI Z. The psychology of the language learner: individual differences in second language acquisition [M]. Mahwah, New Jersey: Lawrence Erlbaum Associates, 2005.

[96] ISLAM M, LAMB M, CHAMBERS G. The L2 motivational self system and national interest: a Pakistani perspective [J]. System, 2013, 41 (2): 231–244.

[97] PAPI M. The L2 motivational self system, L2 anxiety, and motivated behavior: a structural equation modeling approach [J]. System, 2010, 38 (3): 467–479.

[98] TAGUCHI T, MAGID M, PAPI M. The L2 motivational self system amongst Chinese, Japanese, and Iranian learners of English: a comparative study [M]//DÖRNYEI Z, USHIODA E. Motivation, language

identity and the L2 self. Clevedon，UK：Multilingual Matters，2009：66-97.

［99］高一虹，程英，赵媛，等.英语学习动机类型与动机强度的关系——对大学本科生的定量考察［J］.外语研究，2003（1）：60-64.

［100］刘宏刚，陈平平.高中生英语学习动机研究［J］.基础英语教育，2007，9（6）：19-24.

［101］李宗强.初中生英语学习动机研究［J］.基础英语教育，2009，11（6）：3-8.

［102］朱浩亮，吴胜涛.初中生英语学习动机的变化趋势及其与教师支持的关系［J］.课程·教材·教法，2010，30（8）：58-63.

［103］DÖRNYEI Z. Teaching and researching motivation［M］. London：Longman 2001：107-129.

［104］TAYLOR B，HARRIS L A，PEARSON P D. Reading difficulties：instruction and assessment［M］. New York：Random House，1988：41-81.

［105］伍新春，胡佩诚.行为矫正［M］.北京：高等教育出版社，2005：81.

［106］MCCOMBS B L，WHISLER J S. The learner-centered classroom and school：strategies for increasing student motivation and achievement［M］.San Francisco，CA：Jossey-Bass，1997：38.

［107］MOSKOVSKY C，ALRABAI F，PAOLINI S，et al. The effects of teachers' motivational strategies on learners' motivation：a controlled investigation of second language acquisition［J］. Language learning，2013，63（1）：34-62.

［108］CSIZÉR K，DÖRNYEI Z. Language learners' motivational profiles and their motivated learning behavior［J］. Language learning，2005，55（4）：613-659.

［109］CHENG H F，DÖRNYEI Z. The use of motivational strategies in language instruction：the case of EFL teaching in Taiwan［J］. Innovation in language learning and teaching，2007，1（1）：153-174.

［110］高艳. 项目学习在大学英语教学中的应用研究［J］. 外语界，2010（6）：42-48.

［111］王勃然. 项目学习模式对大学英语学习动机的影响因素分析［J］. 外语电化教学，2013（1）：37-41，68.

［112］王勃然. 网络环境下项目学习在大学英语教学中的应用———一项基于东北大学2008级非英语专业学生的行动研究［J］. 东北大学学报（社会科学版），2010，12（2）：168-172.

［113］WILKINS D A. Linguistics in language teaching［M］. London：Edward Arnold，1972：111.

［114］LEWIS M. The lexical approach：the state of ELT and a way forward［M］. England：Language Teaching Publications，1993.

［115］LAUFER B. Lexical frequency profiles：from Monte Carlo to the real world—a response to Meara［J］. Applied linguistics，2005，26（4）：582-588.

［116］NATION I S P. Learning vocabulary in another language［M］. Cambridge：Cambridge University Press，2001.

［117］KRASHEN S. The input hypothesis：issues and implications［M］. London：Longman，1985.

［118］LONG M H. Focus on form：a design feature in language teaching methodology［M］// DE BOT K，GINSBERG R B，KRAMSCH C. Foreign language research cross-cultural perspective. Amsterdam：John Benjamins Publishing Company，1991：39-52.

［119］ANDERSON R C，NAGY W E. Word meanings［M］// BARR R，KAMIL M L，MOSENTHAL P B，et al. Handbook of reading research：volume 2. New York：Longman，1991.

［120］RICHARDS J C. The role of vocabulary learning［J］. TESOL quarterly，1979，10（1）：77-89.

［121］NAGY W E，HERMAN P A. Incidental vs. instructional approaches to increasing reading vocabulary［J］. Educational perspectives，1985，23（1）：16-21.

［122］GRABE W. Reading in a second language: moving from theory to practice ［M］. 1st ed. Cambridge: Cambridge University Press，2008.

［123］CARLO M S，AUGUST D，MCLAUGHLIN B，et al. Closing the gap: addressing the vocabulary needs of English language learners in bilingual and mainstream classrooms ［J］. Reading research quarterly，2004，39（2）：188-206.

［124］VAUGHN S，MATHES P G，LINAN-THOMPSON S，et al. Teaching English language learners at risk for reading disabilities to read: putting research into practice ［J］. Learning disabilities research and practice，2005，20（1）：58-67.

［125］HATCH E，BROWN C. Vocabulary，semantics and language education ［M］. Beijing: Foreign Language Teaching and Research Press，2001：374.

［126］HOLME R. Cognitive linguistics and the second language classroom ［J］. TESOL quarterly，2012，46（1）：6-29.

［127］LITTLEMORE J. Applying cognitive linguistics to second language learning and teaching ［M］. London: Palgrave Macmillan，2009：2-11.

［128］SLOBIN D I. From "thought and language" to "thinking for speaking" ［M］// GUMPERZ J J，LEVINSON S C. Rethinking linguistic relativity: studies in the social and cultural foundations of language. Cambridge: Cambridge University Press，1996：70-76.

［129］梁晓波. 认知语言学对英语词汇教学的启示 ［J］. 外语与外语教学，2002（2）：35-39.

［130］袁野. 构式语法的语言习得观 ［J］. 解放军外国语学院学报，2010，33（1）：35-40.

［131］陈满华. 构式理论对二语教学的启示 ［J］. 语言教学与研究，2009（4）：64-70.

［132］AITCHISON J. Words in the mind: an introduction to the

mental lexicon［M］. Oxford：Basil Blackwell，1987.

［133］FIRTH J R. Papers in linguistics 1934–1951［M］. London：Oxford University Press，1957：12.

［134］LEWIS M. Implementing the lexical approach：putting theory into practice［M］. England：Language Teaching Publications，1997：11，119.

［135］杨惠中. 语料库语言学导论［M］. 上海：上海外语教育出版社，2002：333.

［136］何安平. 辛格莱的词汇语法理论应用解读［J］. 外语研究，2009（5）：52–57.

［137］罗少茜，赵海永，邢加新. 英语词汇教学［M］. 南宁：广西教育出版社，2016：133.

［138］坦珂斯莉. 教会学生阅读：策略篇［M］. 王琼常，古永辉，译. 北京：教育科学出版社，2008：22–69.

［139］BLACHOWICZ C，OGLE D. Reading comprehension：strategies for independent learners［M］. New York：The Guilford Press，2001：174–185.

［140］NATION I S P. Learning and teaching vocabulary：collected writings［M］. Shanghai：Shanghai Foreign Language Education Press，2010：180.

［141］乌尔，莱特. 趣味活动五分钟［M］. 冀小婷，董莉，译. 天津：南开大学出版社，2003：32.

［142］NATION I S P，WANG K. Graded readers and vocabulary［J］. Reading in a foreign language，1999，12（2）：355–380.

［143］BAMFORD J，DAY R R. Extensive reading activities for teaching language［M］. Beijing：Foreign Language Teaching and Research Press，2009：73–196.

［144］PANG E S，MUAKA A，BERNHARDT E B，et al. Teaching reading［M］. Geneva：International Academy of Education，International Bureau of Education，2004.

［145］HARRIS T L, HODGES R E. The literacy dictionary: the vocabulary of reading and writing［M］. Newark, Delaware: International Literacy Reading Association, 1995.

［146］MEYER M S, FELTON R H. Repeated reading to enhance fluency: old approaches and new directions［J］. Annals of dyslexia, 1999, 49（1）: 283-306.

［147］KUHN M R. A comparative study of small group fluency instruction［J］. Reading Psychology, 2005, 26（2）: 127-146.

［148］ARMBRUSTER B B, LEHR F, OSBORN J. Put reading first: the research building blocks for teaching children to read （kindergarten through grade 3）［M］. Washington, D.C.: National Institute for Literacy, National Institude of Children Health and Human Development, U.S. Department of Education, 2001.

［149］O'DONNELL M P, WOOD M. Becoming a reader: a developmental approach to reading instruction［M］. Boston: Allyn and Bacon, 1992.

［150］GROSSEN B. A synthesis of research on reading from the National Institute of Child Health and Human Development［M］. Strasburg, Virginia: The National Right to Read Foundation, 1997.

［151］PINNEL G S, PIKULSKI J J, WIXON K K, et al. Listening to children read aloud［R］. Washington, D.C.: National Center for Education Statistics, 1995.

［152］CASSIDY J, CASSIDY D. What's hot for 2009［J］. Reading Today, 2009, 26（4）: 1-9.

［153］高霞, 杨慧中, 朱正才. 朗读与外语能力测量［J］. 现代外语, 2006, 29（4）: 401-408, 438.

［154］RASINSKI T V, PADAK N D. From phonics to fluency: effective teaching of decoding and reading fluency in the elementary school［M］. New York: Addison Welsey Longman, 2001.

［155］RASINSKI T V, HOMAN S, BIGGS M. Teaching reading

fluency to struggling readers: method, materials, and evidence [J]. Reading research quarterly, 2009, 25 (2-3): 192-204.

[156] RASINSKI T V. Why reading fluency should be hot? [J]. The reading teacher, 2012, 65 (8): 516-522.

[157] OSBORN J, LEHR F. A focus on fluency [M]. Honolulu, HI: Regional Educational Laboratory at Pacific Resources for Education and Learning, 2003.

[158] 李光泽. 英语阅读流利性研究的现状与展望 [J]. 语文学刊(外语教育教学), 2011 (12): 78-80.

[159] SEOK S, DACOSTA B. Oral reading fluency as a predictor of silent reading fluency at secondary and postsecondary levels [J]. Journal of adolescent & adult literacy, 2014, 58 (2): 157-166.

[160] ANDERSON R C, WILSON P T, FIELDING L G. Growth in reading and how children spend their time outside of school [J]. Reading research quarterly, 1988, 23 (3): 285-303.

[161] TAYLOR B M, FRYE B J, MARUYAMA G M. Time spent reading and reading growth [J]. American educational research journal, 1990, 27 (2): 351-362.

[162] ZIMMERMAN B, RASINSKI T V. The fluency development lesson: a model of authentic and effective fluency instruction [M] // RASINSKI T V, BLACHOWICZ C, LEMS K. Fluency instruction: research-based best practices. 2nd ed. New York: The Guilford Press, 2012: 172-184.

[163] 陈文达. 英语语调与节奏简明教程 [M]. 上海: 上海外语教育出版社, 1982.

[164] MARR M B, ALGOZZINE B, NICHOLSON K, et al. Building oral reading fluency with peer coaching [J]. Remedial and special education, 2011, 32 (3): 256-264.

[165] GROMKO J E. The effect of music instruction on phonemic awareness in beginning readers [J]. Journal of research in music

education，2005，53（3）：199-209.

［166］帕泰尔. 音乐、语言与脑［M］. 杨玉芳，译. 上海：华东师范大学出版社，2011.

［167］STANDLEY J M. Does music instruction help children learn to read? —Evidence of a meta-analysis［J］. Update applications of research in music education，2008，27（1）：17-32.

［168］YOUNG C，RASINSKI T. Implementing readers theatres as an approach to classroom fluency instruction［J］. The reading teacher，2009，63（1）：4-13.

［169］ADAMS M J. Beginning to read：thinking and learning about print［M］. Cambridge，Mass.：MIT Press，1990：217.

［170］HIEBERT E H，FISHER C W. Text matters in developing fluent reading［EB/OL］. http：//textproject.org/assets/library/papers/Hiebert-Fisher-2002b.pdf.

［171］RASINSKI T V. Speed does matter in reading［J］. The reading teacher，2000，54（2）：146.

［172］CLARKE M A，SILBERSTEIN S. Toward a realization of psycholinguistic principles in the ESL reading class［M］//LONG M H，RICHARDS J C. Methodology in TESOL：a book of readings. Boston：Heinle & Heinle Publishers，1987.

［173］TAGUCHI E，GORSUCH G. Fluency instruction in reading in a second language or foreign language［M］//RASINSKI T V，BLACHOWICZ C，LEMS K. Fluency instruction：research-based best practices. 2nd ed. New York：The Guilford Press，2012：255-277.

［174］GARDINER S. Building student literacy through sustained silent reading［M］. Alexandra，Virginia：Association for Supervision and Curriculum Development，2005.

［175］KRASHEN S D. The input hypothesis：issues and implications［M］. London：Longman，1985.

［176］崔利斯. 朗读手册［M］.沙永玲，麦奇美，麦倩宜，译. 天津：

天津教育出版社，2006：139-140.

［177］KRASHEN S D. The power of reading: insights from the research［M］. Portsmouth: Libraries Unlimited，2004：4-17.

［178］DAVIS C. Extensive reading: an expensive extravagance？［J］. ELT journal，1995，49（4）：329-336.

［179］李兴勇. 持续默读对高中生英语阅读能力的影响［J］. 山东师范大学外国语学院学报（基础英语教育），2012，14（3）：26-31.

［180］李兴勇. 探究持续默读对高中英语阅读情感态度的影响［J］. 中小学外语教学（中学篇），2014（5）：1-11.

［181］邱宏. 持续无声阅读对培养高中生英语阅读习惯的影响［J］. 山东师范大学外国语学院学报（基础英语教育），2015，17（1）：35-39.

［182］王素梅，郑佳婕，罗少茜. 小学英语课堂5分钟课外故事阅读的行动研究［J］. 中小学外语教学（小学版），2015，38（11）：62-64.

［183］关亚欣，罗少茜. 小学低年级英语持续默读的行动研究［J］. 中小学外语教学（小学版），2016（2）：53-56.

［184］罗少茜，李知醒. 持续默读在中小学英语教学中的应用［J］. 中小学外语教学（中学版），2014，37（11）：8-12.

［185］罗少茜，张玉美. 英语阅读教学新模式理论与实践——以持续默读促进学生自主阅读［J］. 基础教育研究，2016（7）：50-53.

［186］应惠兰，徐慧芳. 以学习者为中心的阅读材料的选择［J］. 外语教学与研究，2001（3）：206-209.

［187］马蓉，秦晓晴. 二语写作流利性研究趋势［J］. 现代外语，2013，36（3）：315-322，331.

［188］HOMSTAD T，THORNSON H. Quantity versus quality: using extensive and intensive writing in the FL classroom［M］//BRÄUER G. Writing across languages. Stamford，CT: Ablex Publishing Corporation，2000：141-152.

［189］HYLAND K. Teaching and researching writing［M］.2nd ed. Harlow: Pearson Education，2009.

［190］BONZO J D. To assign a topic or not: observing fluency

and complexity in intermediate foreign language writing［J］. Foreign language annals，2008，41（4）：722-735.

［191］ABDEL LATIF M M M. What do we mean by writing fluency and how can it be validly measured?［J］. Applied linguistics，2013，34（1）：99-105.

［192］SELINKER L. Interlanguage［J］. International review of applied linguistics in language teaching，1972，10（3）：209-231.

［193］NATION I S P. The four strands［J］.Innovation in Language Learning and Teaching，2007，1（1）：2-13.

［194］ELBOW P. Writing without teachers［M］. 2nd ed. New York：Oxford University Press，1998.

［195］CORDER S P. The significance of learners' errors［J］. International review of applied linguistics，1967，5（4）：161-170.

［196］程春梅. 自由写作提高写作流利性的研究［J］.成都大学学报（教育科学版），2008，22（10）：65-68.

［197］王初明，牛瑞英，郑小湘. 以写促学——一项英语写作教学改革的试验［J］.外语教学与研究，2000，32（3）：207-212，240.

［198］王初明. 外语写长法［J］. 中国外语，2005（1）：45-49.

［199］王初明. 运用写长法应当注意什么［J］.外语界，2006（5）：7-12.

［200］TIERNEY R J. Redefining reading comprehension［J］. Educational leadership，1990，47（6）：37-42.

［201］IRWIN J W. Teaching reading comprehension processes［M］. 2nd ed. Boston：Allyn and Bacon，1991.

［202］FOWLER R. The structure of criticism and the languages of poetry: an approach through language［M］// BRADBURY M，PALMER D. Contemporary criticism. London：Edward Arnold，1970：173-194.

［203］秦秀白. "体裁分析"概说［J］.外国语（上海外国语大学学报），1997（6）：8-15.

［204］MEYER B J F. Prose analysis: purposes, procedures, and

problems [M] // BRITTEN B K, BLACK J B. Understanding expository text: a theoretical and practical handbook for analyzing explanatory text. Hillstale, New Jersey: Lawrence Erlbaum Associates, 1985: 11-64.

[205] BAKHTIN M M. The problem of speech genres [M] // BAKHTIN M M. Speech genres and other late essays. Austin, TX: University of Texas Press, 1986: 60-102.

[206] MILLER C R. Genre as social action [J]. Quarterly journal of speech, 1984, 70 (2): 151-167.

[207] MEYER B J F. Text coherence and readability [J]. Topics in language disorders, 2003, 23 (3): 204-224.

[208] ARMBRUSTER B B. Considerate texts [M] // LAPP D, FLOOD J, FARNAN N. Content area reading and learning: instructional strategies. 2nd ed. Mahwah, New Jersey: Lawrence Erlbaum Associates, 2004: 47-58.

[209] RAND Reading Study Group. Reading for understanding: toward an R&D program in reading comprehension [M]. Santa Monica, California: RAND Corporation, 2002.

[210] YOO M S. The influence of genre understanding on strategy use and comprehension [J]. Journal of Adolescent & Adult Literacy, 2015, 59 (1): 83-93.

[211] JEFFRIES L, MCINTYRE D. Stylistics [M]. Cambridge: Cambridge University Press, 2010.

[212] LUKENS R J, SMITH J J, COFFL C M. A critical handbook of children's literature [M].9th ed. Boston: Pearson Education, 2006: 141, 192.

[213] AKHONDI M, MALAYERI F A, SAMAD A A. How to teach expository text structure to facilitate reading comprehension [J]. The reading teacher, 2011, 64 (5): 368-372.

[214] 蔡慧萍,罗毅. 过程－体裁英语写作教学法的构建与应用 [M]. 杭州: 浙江大学出版社, 2015.

［215］王守元. 英语文体学要略［M］.济南: 山东大学出版社，2000.

［216］PRITCHARD R. The effects of cultural schemata on reading processing strategies［J］. Reading research quarterly，1990，25（4）: 273–295.

［217］CARRELL P L，PHARIS B G，LIBERTO J C. Metacognitive strategy training for ESL reading［J］. TESOL quarterly，1989，23（4）: 647–678.

［218］OXFORD R L. Language learning strategies: what every teacher should know［M］. Rowley，Mass.: Newbury House Publishers，1990.

［219］李炯英，秦智娟. 第二语言阅读策略研究 30 年: 回顾与展望［J］. 国外外语教学，2005（4）: 43–49，56.

［220］O'MALLEY J M，CHAMOT A U. Learning strategies in second language acquisition［M］. Shanghai: Shanghai Foreign Language Education Press，2001: 44–46.

［221］BLOCK C C，PRESSLEY M. Best practices in teaching comprehension［M］// GAMBRELL L B，MORROW L M，PRESSLEY M. Best practices in literacy instruction. 3rd ed. New York: The Guilford Press，2007: 220–242.

［222］DREYER C，OXFORD R L. Learning strategies and other predictors of ESL proficiency among Afrikaans speakers in South Africa［M］// OXFORD R L. Language learning strategies around the world: cross-cultural perspectives. Manoa: University of Hawaii Press，1996: 61–74.

［223］PALINCSAR A S，BROWN A L. Reciprocal teaching of comprehension-fostering and comprehension-monitoring activities［J］. Cognition and instruction，1984，1（2）: 117–175.

［224］PRESSLEY M. What should comprehension instruction be the instruction of?［M］// KAMIL M L，PEARSON P D，MOJE E B，et al. Handbook of reading research. Mahwah，New Jersey: Lawrence

Erlbaum Associates, 2000: 545–561.

［225］许余龙. 学习策略与英汉阅读能力的发展——一项基于香港国际阅读能力调查结果的研究［J］. 外语教学与研究, 2003, 35（3）: 200–205.

［226］瞿莉莉. 基于有声思维法的 EFL 阅读策略与元认知意识研究［J］. 外语界, 2014（4）: 30–38.

［227］刘亦春. 学习成功者与不成功者使用英语阅读策略差异的研究［J］. 国外外语教学, 2002（3）: 24–29.

［228］NYIKOS M. Prioritizing student learning: a guide for teachers［M］//STRASHEIM L. Focus on the foreign language learner: priorities and strategies. Lincolnwood, Illinois: National Textbook Company, 1991.

［229］TOMPKINS G E. Literacy for the 21st century: a balanced approach［M］. 5th ed. Boston: Allyn and Bacon, 2010: 263.

［230］CHAMOT A U, O'MALLEY J M. Language learner and learning strategies［M］//ELLIS N C. Implicit and explicit learning of languages. San Diego, CA: Academic Press, 1994: 371–392.

［231］COHEN A D. Strategies in learning and using a second language［M］. London: Longman, 1998.

［232］BLOCK C C. Teaching comprehension: the comprehension process approach［M］. Boston: Allyn and Bacon, 2004.

［233］鲁忠义, 王哲. 英语议论文图式训练对阅读理解水平影响的实验研究［J］. 外语教学与研究, 2003, 35（6）: 431–437.

［234］孟悦. 大学英语阅读策略训练的实验研究［J］. 外语与外语教学, 2004（2）: 24–27.

［235］夏章洪. 高职英语阅读策略训练实验研究［J］. 国外外语教学, 2006（2）: 12–19.

［236］刘莺. 大学英语阅读低分者元认知策略培训的有效性研究［J］. 外语与外语教学, 2009（10）: 38–41.

［237］冯安, 王德志. 中学生英语阅读策略的调查与训练［J］. 山东

师范大学外国语学院学报（基础英语教育），2005，7（1）：20-25.

［238］曾玲，王彤. 阅读策略在提升中小学生英语阅读能力中的价值［J］.基础外语教育，2016，18（6）：43-51.

［239］AFFLERBACH P，PEARSON P D，PARIS S G. Clarifying differences between reading skills and reading strategies［J］. The reading teacher，2008，61（5）：364-373.

［240］OGLE D M. K-W-L: a teaching model that develops active reading of expository text［J］. The reading teacher，1986，39（6）：564-570.

［241］朱萍，张英. 英语教学活动设计与应用（小学卷）［M］.上海：华东师范大学出版社，2007：111-112.

［242］ANDERSON R C，PEARSON P D. A schematic-theoretic view of basic processes in reading comprehension［M］//PEARSON P D. Handbook of reading research. New York: Longman，1984：255-291.

［243］SUH S，TRABASSO T. Inferences during reading: converging evidence from discourse analysis，talk-aloud protocols and recognition priming［J］.Journal of memory and language,1993,32（3）：269-301.

［244］RICHARDS J C，ANDERSON N A. How do you know? A strategy to help emergent readers make inferences［J］. The reading teacher，2003，57（3）：290-293.

［245］AFFLERBACH P. The influence of prior knowledge on expert readers' importance assignment processes［M］//NILES J A,LALIK R V. Solving problems in literacy: learners，teachers，and researchers （Thirty-fifth Yearbook of the National Reading Conference）. New York: National Reading Conference，1986.

［246］MEYER B J F,RICE G E. The structure of text［M］//PEARSON P D. Handbook of reading research. New York: Longman，1984：319-351.

［247］BAUMANN J F. The effectiveness of a direct instruction

paradigm for teaching main idea comprehension [J]. Reading research quarterly, 1984, 20 (1): 93-115.

[248] HARVEY S, GOUDVIS A. Strategies that work: teaching comprehension for understanding and engagement [M]. Portland, ME: Stenhouse Publishers, 2007.

[249] PRESSLEY M. Metacognition and self-regulated comprehension [M] // FARSTRUP A E, SAMUELS S J. What research has to say about reading instruction. 3rd ed. Newark, Delaware: International Reading Association, 2002: 291-309.

[250] HIDI S, ANDERSON V. Producing written summaries: task demands, cognitive operations, and implications for instruction [J]. Review of educational research, 1986, 56 (4): 473-493.

[251] DUKE N K, PEARSON P D. Effective practices for developing reading comprehension [M] // FARSTRUP A E, SAMUELS S J. What research has to say about reading instruction. 3rd ed. Newark, Delaware: International Reading Association, 2002: 205-242.

[252] PRAIN V. Helping students identify how writers signal purpose in autobiographical writing [J]. Journal of reading, 1995, 38 (6): 476-481.

[253] MCKEOWN M G, BECK I L, BLAKE R G K. Rethinking reading comprehension instruction: a comparison of instruction for strategies and content approaches [J]. Reading research quarterly, 2009, 44 (3): 218-253.

[254] BECK I L, MCKEOWN M G, KUCAN L. Choosing words to teach [M] // BECK I L, MCKEOWN M G, KUCAN L. Bringing words to life: robust vocabulary instruction. New York: The Guilford press, 2002: 15-30.

[255] 罗少茜, 李红梅. 阅读的力量和热情——通过"阅读圈"燃起学生对英语阅读的热爱 [J]. 中小学课堂教学研究, 2016 (增刊1): 12-16.

［256］陈则航，罗少茜，王蔷. 语言教学中的儿童文学——从德国 Hildesheim 国际学术会议谈起［J］. 中小学外语教学（小学版），2010（6）：1-4.

［257］罗少茜，谢颖. 合作拼图教学模式在阅读教学中的应用［J］. 中小学外语教学（小学篇），2015（8）：1-6.

［258］哈默. 朗文如何教英语［M］. 邹为诚，译. 北京：人民邮电出版社，2011：218.

［259］Organisation for Economic Co-operation and Development. Do students today read for pleasure?［EB/OL］. http://www.oecd-ilibrary.org/education/do-students-today-read-for-pleasure-5k9h362lhw32-en.

［260］COLES R. The call of stories: teaching and the moral imagination［M］. Boston: Houghton Mifflin, 1990.

［261］HUCK C S. Literacy and literature［J］. Language arts, 1992, 69（7）: 520-526.

［262］CAMPBELL C. Teaching second language writing: interactive with text［M］. Beijing: Foreign Language Teaching and Research Press, 2004.

［263］LAZAR G. Literature and language teaching［M］. Cambridge: Cambridge University Press, 1993: 14-25.

［264］MACLEAN M, BRYANT P, BRADLEY L. Rhymes, nursery rhymes, and reading in early childhood［J］. Merrill-Palmer Quarterly, 1987, 33（3）: 255-282.

［265］JOHNSON T D, LOUIS D R. Literacy through literature［M］. Portsmouth: Heinemann Educational Books, 1987: 16-20, 101-103.

［266］TANCOCK C. An exploration of traditional tales［M］//BOWER V. Creative ways to teach literacy: ideas for children aged 3 to 11. Los Angeles: Sage Publications, 2011: 15-18.

［267］HARDY B. Narrative as a primary act of mind［M］//MEEK M, WARLOW A, BARTON G. The cool web: the pattern of children's reading. New York: Atheneum Books, 1978.

［268］COHEN D H. The effect of literature on vocabulary and reading achievement［J］. Elementary English, 1968, 45（2）: 209-213, 217.

［269］SCARCELLA R, STERN S L. Reading, writing and literature: integrating language skills［M］//CROOKALL D, OXFORD R L. Simulation, gaming, and language learning. New York: Newbury House Publishers, 1990: 119-124.

［270］CURWOOD J S. "The Hunger Games": literature, literacy, and online affinity spaces［J］. Language arts, 2013, 90（6）: 417-427.

［271］LANGER J A. Literacy issues in focus: literacy acquisition through literature［J］. Journal of adolescent & adult literacy, 1997, 40（8）: 606-614.

［272］HINTON K,BERRY T. Literature,literacy and diversity［J］. Journal of adolescent & adult literacy, 2004, 48（4）: 284-288.

［273］MACKEY M. The new basics: learning to read in a multimedia world［J］. English in education, 1994, 28（1）: 9-19.

［274］COLE D R, PULLEN D. Introduction to multiliteracies in motion: current theory and practice［M］//COLE D R, PULLEN D. Multiliteracies in motion: current theory and practice. New York: Routledge, 2010: 1-2.

［275］朱永生. 多元读写能力研究及其对我国教学改革的启示［J］. 外语研究, 2008（4）: 10-14.

［276］The New London Group. A pedagogy of multiliteracies: designing social futures［J］. Harvard Educational Review,1996,66（1）: 60-92.

［277］冯德正. 英语教学中的人文道德教育：正面价值观的多模态语篇建构［J］.外语界, 2015（5）: 27-34.

［278］KRESS G, VAN LEEUWEN T. Multimodal discourse: the modes and media of contemporary communication［M］.London: Edward

Arnold，2001.

［279］KRESS G. Multimodality［M］// COPE B，KALANTZIS M. Multiliteracies：literacy learning and the design of social futures. London：Routledge，2000：179.

［280］顾曰国. 多媒体、多模态学习剖析［J］. 外语电化教学，2007（114）：3-12.

［281］UNWORTH L，BUSH R. Introducing multimodal literacy to young children learning English as a second language（ESL）［M］// COLE D R，PULLEN D. Multiliteracies in motion：current theory and practice. New York：Routledge，2010：60-70.

［282］宋庆伟. 多模态化与大学英语多元读写能力培养实证研究［J］. 外语研究，2013（2）：55-59.

［283］张征. 多模态PPT展示教学与学生学习态度的相关性研究［J］. 外语电化教学，2013（151）：59-64.

［284］张德禄，刘睿. 外语多元读写能力培养教学设计研究——以学生口头报告设计为例［J］. 中国外语，2014（3）：45-52.

［285］LUKE A，FREEBODY P. Further notes on the four resources model［EB/OL］.（2016-10-02）http://www.readingonline.org/research/lukefreebody. html.

［286］LEWISON M，LELAND C，HARSTE J C，et al. Creating critical classrooms：K-8 reading and writing with an edge［M］. New York：Lawrence Erlbaum Associates，2008：3，7.

［287］EDELSKY C. Making justice our project：teachers working toward critical whole language practice［C］. Urbana,Illinois：National Council of Teachers of English，1999.

［288］GEBHARD M，CHEN I-AN，BRITTON L. "Miss, nominalization is a nominalization"：English language learners' use of SFL metalanguage and their literacy practices［J］. Linguistics and education，2014，26（1）：106-126.

［289］MARTIN J R. Genre and language learning：a social

semiotic perspective ［J］. Linguistics and education, 2009, 20 (1): 10-21.

［290］GEE J P. An introduction to discourse analysis: theory and method ［M］. London: Routledge, 1999: 25.

［291］PENNYCOOK A. Introduction: critical approaches to TESOL ［J］. TESOL quarterly, 1999, 33 (3): 329-348.

［292］ADSANATHAM C. Integrating assessment and instruction: using student-generated grading criteria to evaluate multimodal digital projects ［J］. Computers and composition, 2012, 29 (2): 152-174.

［293］COPE B, KALANTZIS M, MCCARTHEY S, et al. Technology-mediated writing assessments: principles and processes ［J］. Computers and composition, 2011, 28 (2): 79-96.

［294］HUNG H T, CHIU Y C J, YEH H C. Multimodal assessment of and for learning: a theory-driven design rubric ［J］. British journal of educational technology, 2013, 44 (3): 400-409.

［295］盛静, 牛瑞雪. 多元读写模式及对习作教学的启示——以三名中国移民儿童的海外读写经历为例 ［J］. 课程·教材·教法, 2011, 31 (6): 33-38.

［296］PEA R D, KURLAND D M. Cognitive technologies for writing ［J］. Review of research in education, 1987, 14 (1): 277-326.